C.E.O.

LUIS JUSTO
PREFÁCIO DE **MARIO SERGIO CORTELLA**

CONECTAR
EQUILIBRAR
ORIENTAR

COMO SE TORNAR UM LÍDER PRAGMÁTICO
E INSPIRADOR INTEGRANDO COMPETÊNCIAS
COMPLEMENTARES QUE LEVAM TIMES
E NEGÓCIOS AO SUCESSO

Diretora
Rosely Boschini

Gerente Editorial Sênior
Rosângela de Araujo Pinheiro Barbosa

Editoras
Deborah Quintal
Rafaella Carrilho

Assistente Editorial
Camila Gabarrão

Produção Gráfica
Leandro Kulaif

Preparação
Gleice Couto

Capa
Rafael Brum

Projeto Gráfico
Márcia Matos

Adaptação e Diagramação
Plinio Ricca

Revisão
Bruna Fontes
Débora Spanamberg Wink

Impressão
Plena Print

Copyright © 2024 by Luis Justo
Todos os direitos desta edição
são reservados à Editora Gente.
R. Dep. Lacerda Franco, 300 – Pinheiros
São Paulo, SP – CEP 05418-000
Telefone: (11) 3670-2500
Site: www.editoragente.com.br
E-mail: gente@editoragente.com.br

Dados Internacionais de Catalogação na Publicação (CIP)
Angélica Ilacqua CRB-8/7057

Justo, Luis

C.E.O. – Conectar, Equilibrar, Orientar : como se tornar um líder pragmático e inspirador integrando competências complementares que levam times e negócios ao sucesso / Luis Justo. - São Paulo : Editora Gente, 2024.
192 p.

ISBN 978-65-5544-515-2

1. Liderança 2. Desenvolvimento profissional I. Título

24-3436   CDD 658.3

Índices para catálogo sistemático:
1. Liderança

NOTA DA PUBLISHER

Os líderes enfrentam cotidianamente a difícil tarefa de alinhar ações diárias com metas estratégicas em um ambiente cada vez mais competitivo e imprevisível. Nessa rotina desafiadora, em que crises inesperadas e pressão por resultados se encontram, é preciso descobrir modos para transformar a própria jornada de liderança.

Luis Justo tem uma trajetória brilhante como executivo. Aos 28 anos, assumiu a posição de CEO da Osklen; depois de passar mais de dez anos à frente da companhia, foi o momento de seguir outro desafio: liderar a Rock World no processo de crescimento dela. A Rock World é a empresa responsável pela realização de festivais que se tornaram referência em construção de experiências inesquecíveis para o público: como Rock in Rio, The Town e mais recentemente o Lollapalooza Brasil.

Desde a nossa primeira conversa, ficou claro para mim que Luis havia encontrado um modelo de liderança capaz de gerar a convergência entre o crescimento dos negócios e o crescimento das pessoas, integrando a busca pelos resultados à busca pelo propósito que une e dá sentido ao que cada empresa oferece para o mercado. Esse modelo, que ele chamou de C.E.O. Framework, é uma ferramenta poderosa para apoiar os líderes em todas as frentes de atuação, da visão estratégica e definição dos objetivos à condução dos bastidores da empresa e a defesa da cultura.

Como ele mesmo afirma, "liderar é um exercício duplo de coragem: não só aquela necessária na tomada de decisões difíceis, mas aquela coragem interna para sairmos da zona de conforto quando tudo vai bem ou para sairmos mais fortes quando as coisas não acontecem da maneira esperada". Aqui, ele nos mostra, de maneira prática e com inúmeras histórias desses anos todos como alto executivo da indústria criativa, quais são os atributos fundamentais para que a liderança que exercemos hoje, nos leve para o futuro que esperamos construir através dos negócios.

Conectar, equilibrar e orientar de fato são os verbos que sintetizam os papéis dos novos líderes – e, a partir de agora, eu tenho certeza de que você estará mais preparado para exercê-los

Boa leitura!

ROSELY BOSCHINI
CEO e Publisher da Editora Gente

A meus pais, a meus filhos, a minha esposa,
a meus enteados e a todos os líderes e
liderados com quem tive o privilégio de
aprender e de continuar me desenvolvendo
ao longo de minha jornada.

Meu propósito é ser tão inspirador na vida
de alguém quanto vocês foram na minha.

AGRADECIMENTOS

Ao longo das próximas páginas você perceberá que só acredito na construção de projetos grandiosos a partir da colaboração entre muitas pessoas.

Este livro vai muito além de meu esforço pessoal, e ele não passaria de uma ideia se não fosse pelo incentivo da Rosely Boschini, do talento da Carolina Rocha e de todo o suporte e a excelência do time da Editora Gente.

Estamos todos juntos na mesma direção. Se esta obra inspirar ao menos um único leitor a se tornar um líder melhor, nosso propósito comum terá sido cumprido.

SUMÁRIO

Prefácio_____**13**
Introdução_____**15**
Nota do autor_____**21**

Capítulo 1 - Como é sua liderança quando as
coisas vão mal?_____22

Capítulo 2 - C.E.O. Mindset: habilidades-chave
para a liderança_____32

Capítulo 3 - As ambivalências na liderança_____46

Capítulo 4 - O que os CEOs mais temem:
a batalha entre o curto
e o longo prazo_____64

Capítulo 5 - Do palco aos bastidores:
a ambivalência de atuação
da liderança_____76

Capítulo 6 - Os domínios da liderança:
como as perguntas certas
impulsionam as organizações_____88

Capítulo 7 - Porquê ou propósito: o GPS
dos líderes e a força motriz das
organizações de sucesso_____96

Capítulo 8 - Proposta de valor: qual é
nossa real contribuição
para os clientes_____110

Capítulo 9 - Cultura são valores
compartilhados_____120

Capítulo 10 - Construindo um time
alinhado à visão_____130

Capítulo 11 - Coloque estratégia
na operação_____150

Capítulo 12 - Apontando para os
objetivos comuns_____168

Capítulo 13 - A liderança é uma missão
compartilhada! _____186

PREFÁCIO

LIDERANÇA: A CONVERGÊNCIA NA DIVERGÊNCIA

"Muitas coisas tendo todo nosso apoio | Em certo sentido, podem ir em direção oposta | (...) Assim podem também mil ações, uma vez desencadeadas, | Convergir para um só propósito, e todas a bom termo | Sem derrota"
W. Shakespeare Ato I de Henrique V

Romain Rolland, músico e escritor francês, celebrado pelo Nobel de Literatura de 1915, nos deixou muitas e contributivas lições, especialmente aquela que talvez seja a mais citada e repensada: "O pessimismo da inteligência não deve abalar o otimismo da vontade".

O pessimismo, aqui, está em não supor racionalmente que tudo esteja em ordem, sem feridas (pois seria ilusão e distração fatal), enquanto o otimismo está em desejar e buscar com afinco e preparo os caminhos para que descaminhos sejam anulados, de forma a não ser derrotado pela mera possibilidade da derrota.

Assim também faz Luis Justo, nesta competente obra sobre competências. Ele sabe e reconhece que, com frequência, o pessimismo tem uma razão de ser (e identifica fraturas, fissuras, discrepâncias e dissonâncias nas práticas de gestão), mas não abala a vontade de que, desse modo, dê lugar ao otimismo capacitado como uma recusa ao fatalismo presumível dos desencontros.

É claro que somos favorecidos pelo fato de que Luis Justo, como gestor e CEO persistente e bem-sucedido, não se cansou das tantas turbulências que encontrou e encontra, decidindo que era melhor ficar inquieto com tanta sugestão sem consecução e escrever um livro que fosse propositivo, em vez de se acalmar com lamentações e queixumes estéreis.

A obra nos apresenta inquietações e recomendações de quem é CEO, provocando para que possamos favorecer na liderança a supremacia das convergências, em meio às esperadas e inesperadas divergências – como a tensão entre o imediato e o durável, entre o requisito da colaboração interna e o protagonismo individual para resultados, entre a premissa de se sonhar com o triunfo e os devaneios ineficazes de apenas no sonho ficar...

Justo refaz e reflete sobre os variados trajetos da liderança dos "bastidores ao palco", a atuação em meio ao infortúnio, os paradoxos e as ambivalências vividas, a obrigação de engendrar perguntas e orientações certeiras, a energia assegurada pelo propósito claro e partilhado, a estratégia ajustada no time e com o time, dispondo para que a razão de ser da atividade seja repartida (e não fragmentada).

Por sentir falta de um guia, decidiu (para nossa ventura) criar um ele mesmo, e, dado que o próprio Rolland nos conclamou, dizendo que "criar é matar a morte", Justo preferiu nos acudir na façanha honrosa de nos afastarmos do inacabamento e do fiasco.

Assim, a dedicação cooperativa de Luis Justo é incentivar na liderança a perícia em produzir a supremacia das convergências nas inelutáveis divergências.

Tudo isso se torna viável pela prática de uma gestão inteligente e exitosa, na qual a **conexão** sem assimetria, o **equilíbrio** sem disparidade e a **orientação** sem imposição propiciem nas circunstâncias (quem sabe divergentes) o *"convergir para um só propósito, e todas a bom termo, sem derrota"*.

Mario Sergio Cortella
Filósofo, escritor, palestrante, educador
e professor universitário

INTRODUÇÃO

Se este livro chegou a suas mãos é porque você já tem ou considera um dia assumir o desafio de exercer um papel de liderança. Isso não significa que você necessariamente almeja se tornar o CEO de uma grande companhia, função que eu tive a oportunidade e o privilégio de ocupar nos últimos quase vinte anos. Você pode desempenhar esse papel sendo responsável por um departamento de uma empresa, como empreendedor estando à frente do próprio negócio, como educador ao liderar alunos em uma sala de aula, como técnico de um time esportivo ou até mesmo liderando sua família no papel de pai ou mãe que precisa indicar o melhor caminho para seus filhos. Ou seja, se você tem o compromisso de apoiar o desenvolvimento de outras pessoas, saiba que escrevi este livro para você.

Os aprendizados que acumulei ao longo dos anos, atuando em alguns desses múltiplos papéis de liderança, me levaram a criar um modelo que batizei de C.E.O. Framework, o qual você será convidado a explorar nas próximas páginas. Esse modelo organiza as múltiplas habilidades e os domínios que um líder deve desenvolver e equilibrar, de modo que a liderança, ao mesmo tempo, seja inspiradora e traga resultados extraordinários.

Apesar de já existirem inúmeros livros sobre liderança, durante minha jornada senti falta de um guia orientador que me apoiasse diante das dualidades incontornáveis que tive – e ainda tenho – de enfrentar no dia a dia:

- A gestão das decisões considerando as urgências do curto prazo e as ambições para o longo prazo.
- A integração entre os bastidores da organização e a entrega para o público final.
- O caminho para permitir que a organização sonhe, mas não se perca nas etapas necessárias para tornar os sonhos realidade.

Embora encontrasse muitos materiais sobre as habilidades necessárias para uma liderança inspiradora e/ou livros sobre métricas de gestão, com métodos para estabelecer os indicadores pragmáticos de todo negócio (performance, receita, lucro etc.), não achava um modelo que trouxesse um olhar para a convergência, palavra esta que eu acredito ser fundamental para os tempos que vivemos e o futuro que está se desenhando.

É a convergência de competências aparentemente paradoxais, entre os potenciais de cada pessoa que faz parte da organização e entre a busca por propósito e resultados, que nos permite não apenas sobreviver ao contexto de alta competitividade, mas também construir negócios aos quais as pessoas sintam orgulho de pertencer. E acredito que todos nós queremos estes dois objetivos: o crescimento das empresas e o crescimento das pessoas.

Sim, liderar dá trabalho, mas isso eu tenho certeza de que você já sabe. O que eu quero lhe mostrar é que existe um método para apoiar você nessa jornada de liderança, integrando todos os elementos fundamentais para fazer o que precisa ser feito.

NOVOS TEMPOS, DESAFIOS EXPONENCIALIZADOS

Em 2006, quando assumi a posição de CEO na Osklen, tínhamos questionamentos semelhantes aos que angustiam os executivos atualmente. A globalização estava em franco crescimento, colocando os negócios em uma grande corrida por competitividade e diferenciação. Desafios como identificar oportunidades de crescimento, encontrar talentos aptos a atender as demandas dos consumidores que haviam se tornado mais exigentes, buscar inovação... tudo isso já estava e continua na mesa. No entanto, hoje, a velocidade com a qual os líderes precisam responder a cada uma dessas questões é exponencialmente mais rápida. É impossível, portanto, acreditar que uma só pessoa seja capaz de cuidar de todas as pontas necessárias para traçar estratégias que mirem a excelência e o crescimento consistentes.

O C.E.O. Framework então servirá como uma ferramenta para apoiar seus próximos passos. Composto de três blocos orquestradores – C.E.O. Mindset, Ambivalências da Liderança e Indicadores Ambivalentes –, ele traz um mapa que sintetiza as responsabilidades e habilidades que defendo como essenciais para liderarmos os rumos de qualquer organização.

16   C.E.O. – Conectar, Equilibrar, Orientar

A cada capítulo, você compreenderá a importância desses componentes e como poderá usar esse conhecimento em sua prática diária, tal como um quebra-cabeça, em que cada peça é encaixada no momento exato. Meu grande objetivo aqui é que a visão do líder que você deseja ser se alinhe com as escolhas e atitudes que você toma diariamente.

Espero que, ao longo deste livro, você possa compreender a partir do C.E.O. Framework como se tornar um líder capaz de balancear as habilidades racionais, o rigor da disciplina analítica para a condução dos negócios, com as habilidades emocionais e criativas, gerando espaço para ações igualmente fundamentais de um líder empático, intuitivo e capaz de imaginar para além das planilhas.

Ao fazer a retrospectiva de minha jornada como CEO, à frente de negócios que prosperaram e construíram histórias importantíssimas para o nosso país e sendo responsável por liderar as estratégias de expansão não apenas em termos de portfólio, mas também de territórios, percebo que foram esses mesmos componentes que me permitiram, ao lado de times altamente engajados, alcançar resultados e experiências antes inimagináveis para mim.

E espero que o mesmo aconteça com você!

C.E.O.

MEU GRANDE OBJETIVO AQUI É QUE A VISÃO DO LÍDER QUE VOCÊ DESEJA SER SE ALINHE COM AS ESCOLHAS E ATITUDES QUE VOCÊ TOMA DIARIAMENTE.

@LUIS_JUSTO

C.E.O.

NOTA DO AUTOR

Para acompanhar sua leitura, na abertura de cada capítulo apresento um trecho de uma música escolhida justamente pela conexão que ela tem com os conceitos que serão apresentados a seguir.

A música para mim é a linguagem universal e sempre fez parte de minha vida, inspirando-me como companheira e conselheira em diversos momentos de minha jornada. Por isso, espero que também seja uma boa companhia para você – e que as letras das canções que escolhi ganhem um novo significado na próxima vez que as ouvir.

1

COMO É SUA LIDERANÇA QUANDO AS COISAS VÃO MAL?

No matter what we get out of this
Não importa o que ganharemos com isso
I know, I know we'll never forget
Eu sei, eu sei que nunca esqueceremos
Smoke on the water, fire in the sky
Fumaça na água e fogo no céu

Smoke on the Water[1]
Deep Purple

---

[1] SMOKE on the Water. Intérprete: Deep Purple. *In*: MACHINE Head. Londres: EMI, 1972.

"Quando não somos mais capazes de mudar uma situação, somos desafiados a mudar a nós mesmos."
Viktor Frankl[2]

---

[2] FRANKL, V. E. **Man's Search for Meaning**. Edição do Kindle. Boston: Beacon Press, 2006. Tradução livre do original: *When we are no longer able to change a situation [...] we are challenged to change ourselves.* p. 112.

"Smoke on the Water", uma das canções mais conhecidas de Deep Purple, nasceu de um acontecimento real. Em 1972, quando trabalhavam no álbum *Machine head*, um cassino em Montreux, Suíça, onde fariam a gravação de parte das músicas, pegou fogo durante um show que os antecedeu. Já estava tudo preparado e tiveram de mudar às pressas para outro local naquela cidade silenciosa e fria. Na mesma noite, resolveram escrever uma música autobiográfica, que contasse exatamente tudo o que aconteceu até que conseguissem concluir a gravação no Grand Hotel.[3][4] A música se tornou a de maior destaque do álbum e do grupo e uma das mais reconhecidas na história do Rock and Roll.[5]

Quando não há nada mais a ser feito, há ainda a decisão de como enfrentaremos a situação que se apresenta. Por isso, o pilar fundamental sobre o qual a liderança precisa ser sustentada é o atributo que está visualmente localizado na parte central do C.E.O. Framework, irrigando todos os demais aspectos que virão na sequência da construção desse nosso guia orientador.

A coragem e a antifragilidade são habilidades fundamentais que forjam um verdadeiro líder, e por isso elas são o ponto de partida de nossa jornada. É preciso coragem e antifragilidade para encontrar novas perspectivas diante de situações adversas e contextos desfavoráveis, momentos em que todos os planos precisam ser rapidamente repensados.

Ao exercer uma posição de liderança, não é esperado que você tenha todas as respostas, e sim que você seja uma referência para seu time nos momentos de desafio. Liderar é um exercício duplo de coragem: não só aquela necessária na tomada de decisões difíceis, mas também aquela coragem interna para sairmos da zona de conforto quando tudo vai bem ou para

---

[3] TOW, S. Roger Glover: How Deep Purple Wrote Smoke On The Water. **Classic Rock**, 27 jul. 2022. Disponível em: https://www.loudersound.com/features/the-story-behind-deep-purple-smoke-on-the-water. Acesso em: 9 ago. 2024.

[4] Hoje, o Grand Hotel se chama Fairmont Le Montreux Palace. É um hotel de luxo.

[5] COOK, W. How Deep Purple Created Their Best Hit 'Smoke on the Water'. **Independent**, 28 jun. 2018. Disponível em: https://www.independent.co.uk/news/long_reads/deep-purple-montreux-jazz-festival-lake-geneva-1971-a8418926.html. Acesso em: 9 ago. 2024.

sairmos mais fortes quando as coisas não acontecem da maneira esperada. E esses desvios abruptos de nossas expectativas realmente acontecem...

LIDERANÇA QUE NASCE DAS CINZAS

No dia 4 de fevereiro de 2010, por volta das 22h, recebi uma ligação da qual nunca vou me esquecer. Na época, eu era CEO da Osklen, uma das maiores empresas de moda do Brasil, e a ligação vinha de um dos seguranças da matriz no Rio de Janeiro. Aquele não era só nosso escritório, mas também nossa sede, com cerca de 3.000 m², onde mais de 500 pessoas trabalhavam, onde ficava parte da fábrica, do estoque e do acervo de peças antigas e onde realizávamos várias de nossas atividades operacionais. "Luis, estou ligando para saber se você pode vir aqui, pois temos um princípio de incêndio acontecendo e está difícil de controlar", ele me disse, preocupado.

O que era aparentemente um "princípio" logo se transformou em um incêndio de gigantes proporções, e, mesmo com um rápido atendimento dos bombeiros, em uma questão de horas tudo estava perdido: maquinário, computadores, estoque, dados, acervo de roupas com toda a história da empresa. Às vezes as pessoas dizem que na vida de um CEO "é preciso apagar muitos incêndios nas empresas"; nesse caso, vivi a metáfora na vida real.

No sábado, três dias após o incêndio, Oskar Metsavaht, o fundador da empresa, e eu marcamos de nos reunir para discutir o futuro da companhia. Nas últimas duas noites em claro, eu só consegui pensar nos possíveis planos de gestão de crise para sairmos daquela situação: aluguel de áreas temporárias, linhas de financiamento, o que poderíamos tentar recuperar com seguros etc. Decidimos nos reunir nos escombros da sede destruída, até para analisarmos o que tinha restado. Conversando e andando no meio daquela cena quase inacreditável, digna de filme de catástrofe de Hollywood, enjoado com aquele cheiro intenso de fumaça que nos acompanhava em toda a visita, nos deparamos com alguns retalhos de tecido queimado de peças de coleções antigas, zíperes e botões de alumínio de calças jeans retorcidos, e naquele momento talvez eu tenha vivido uma das maiores lições de antifragilidade de minha vida. O Oskar olhou para o chão e avistou um pedaço de tecido todo chamuscado, pegou alguns retalhos, virou para mim e disse: "Luis, isto aqui está lindo!". E assim, no meio daquele caos, convocamos toda nossa equipe de criação que estava desolada em casa para iniciar a criação de uma nova coleção a partir da inspiração de todos os restos destruídos de nossas coleções passadas, engolidas por aquele incêndio. Nascia ali a coleção Fênix, um dos lançamentos mais bem-sucedidos da Osklen.

Nassim Taleb, autor do best-seller *Antifrágil*, faz a seguinte definição do conceito: "A antifragilidade está além da resiliência ou da robustez. O resiliente resiste às colisões e permanece igual; o antifrágil fica cada vez melhor".[6] Entendi essa lição exatamente ali, ao lado do Oskar. É possível que possamos sair de um longo túnel escuro de adversidades com um sol brilhando mais forte do outro lado, mas é papel do líder apontar para as oportunidades que sempre existem em todas as crises.

Essa é uma das várias histórias que compartilharei neste livro e que me ajudaram a compreender a importância de um líder acessar dimensões mais profundas para construir novos modelos mentais perante os inúmeros desafios que nos são colocados. É também uma simbologia do que talvez seja o maior medo de todos os executivos quando assumem um papel de grande responsabilidade: *e se acontecer um desastre durante minha liderança?*

Quando buscamos a imagem de um líder em qualquer ferramenta de pesquisa ou mesmo em artigos populares, geralmente vemos a figura daquela pessoa com um olhar seguro para o infinito, demonstrando autoconfiança e resiliência, e normalmente essa pessoa aparece sozinha na imagem pesquisada. É o lugar solitário e desejado daquele profissional que atingiu o topo da hierarquia nas organizações. O que eu aprendi depois de mais de vinte anos ocupando uma das posições mais desafiadoras dos negócios, convivendo com a pressão e a incerteza o tempo todo, é que a liderança é algo muito além de uma cadeira e definitivamente não acontece nesse lugar caricato.

Ao viver na pele aquele momento de que *um desastre aconteceu*, também testemunhei de maneira muito concreta o impacto que a liderança pode causar em uma organização, mesmo quando *aparentemente* tudo está

---

[6] TALEB, N. N. **Antifrágil**: coisas que se beneficiam com o caos. Edição do Kindle. Rio de Janeiro: Objetiva, 2020. p. 6.

26 C.E.O. – Conectar, Equilibrar, Orientar

perdido. Vi como um negócio é muito maior do que as paredes e salas nas quais o time se reúne e do que todos os ativos acumulados e construídos ao longo de anos de organização. **Um negócio é feito por pessoas. Um negócio é construído a partir do engajamento genuíno das pessoas em torno de um propósito maior e da maneira como elas se organizam para tornar realidade uma proposta de valor.** O líder, por sua vez, é reconhecido quando consegue despertar esse propósito comum que impulsiona o crescimento de outras pessoas, especialmente quando os riscos são altos.

O que fizemos na construção daquela coleção, com tantos recursos perdidos, certamente foi motivado por um propósito coletivo e, ao mesmo tempo, por um objetivo individual de cada pessoa da equipe. Queríamos mostrar a nós mesmos que éramos capazes, como a lenda mitológica da ave Fênix que batizou a coleção: renascer mais fortes depois de enfrentar o fogo.

E QUANDO O FOGO VEM DE DENTRO?

Assumi a posição de CEO na Osklen aos 28 anos. Depois de passar mais de uma década liderando a companhia em um processo virtuoso de crescimento, sentia dentro de mim que era o momento de assumir outro desafio. Um headhunter bateu em minha porta e me convidou para participar do processo de seleção para ser CEO do Rock in Rio. O legendário festival que marcou a vida de tantas pessoas e da história do show business brasileiro, depois de dez anos com edições apenas no exterior, estava voltando ao Brasil e à procura de um CEO.

O processo seletivo em si já demonstrava o que era preciso para assumir a posição. Após várias entrevistas com diversos executivos e acionistas, era hora de ir para a entrevista final, com Roberto Medina: o empreendedor e fundador do Rock in Rio, alguém que eu já admirava muito antes de ter o privilégio de poder trabalhar com ele. Lembro como se fosse hoje dessa primeira conversa, na qual falei sobre toda minha experiência como líder, meus atributos de executivo e todas as conquistas de minha carreira, especialmente à frente da Osklen, e como teria contribuído para todo o crescimento vertiginoso da marca ao longo desse tempo. Após mais de uma hora de reunião, saí com a sensação de que tinha sido uma boa conversa e com alguma possibilidade de impressioná-lo – mesmo sabendo que seria uma loucura contratarem alguém que nunca tinha montado um palco na vida.

Semanas se passaram sem nenhum retorno do headhunter para me informar se eu tinha ou não sido escolhido para a posição. No entanto, um sentimento cresceu dentro de mim de que eu precisava ser o escolhido e precisava deixar claro o quanto me sentia conectado ao Rock in Rio.

Liguei para o headhunter para saber se havia alguma informação, já que tinham se passado semanas sem nenhum retorno, e imaginava que a vaga já tinha sido preenchida. "Luis, preciso ser sincero, todos adoraram você. A vaga ainda não foi fechada e a decisão final está entre você e outra pessoa. Sem querer tirar sua esperança, eu acho que eles estão muito mais na direção do outro profissional, que é alguém já do mercado, com mais experiência na área". Em um primeiro momento, aquela ligação me caiu como uma bomba. Eu, que havia iniciado aquele processo de maneira despretensiosa, sem muita intenção ou expectativa, já estava certo, desde a entrevista com o Roberto, de que aquele seria meu novo desafio. Não pensei duas vezes e, com o telefone ainda na mão da ligação anterior, liguei para a secretária do Roberto: "Olá, Aline, aqui é o Luis Justo, que esteve há cerca de um mês com o Roberto em uma entrevista para a vaga de CEO. Você poderia marcar um almoço com ele? Preciso ter mais uma conversa para provar a ele que sou a pessoa que ele está procurando".

No dia seguinte, Roberto e eu nos encontramos para almoçar. Ele chegou antes, e me lembro de entrar no restaurante e me sentar à mesa já disparando: "Roberto, desculpe a ousadia de pedir esse almoço, mas eu preciso dizer uma coisa que talvez não tenha ficado clara na entrevista: posso não ter nenhuma experiência em produção de evento, mas tenho certeza de que sou a pessoa que terá a maior vontade de assumir essa posição para construirmos juntos o futuro do Rock in Rio".

Ele me respondeu: "Fica tranquilo... Temos muitas pessoas que sabem produzir o evento na empresa. O que estou mesmo procurando é alguém que tenha essa vontade de sonhar e fazer acontecer".

Passamos o resto do almoço conversando sobre amenidades, sobre a coincidência de, aos 10 anos, eu ter visitado a sede da Artplan (agência de publicidade da qual até hoje ele é dono) em um passeio de escola e ele se lembrar daquele grupo de crianças. Dali em diante, já não era mais uma entrevista de emprego.

No final do dia, recebi o telefonema do headhunter dizendo que eu havia sido escolhido. Até hoje, o Roberto confirma que foi minha decisão de correr atrás do sonho de estar naquele lugar que despertou nele a convicção de que eu era a pessoa certa para a posição. Mais uma vez o fogo, dessa vez interno, me fez enxergar, por meio da crise daquela ligação que apontava minha saída da seleção, uma oportunidade de demonstrar minha coragem e o quanto queria fazer parte do futuro do Rock in Rio.

Conquistei a possibilidade de me tornar CEO da Rock World, empresa responsável pelos festivais que são muito mais do que uma série de concertos reunindo artistas incríveis, e sim plataformas para construção de experiências inesquecíveis como o Rock in Rio e hoje também o The Town e o Lollapalooza Brasil. A Rock World sobretudo me permitiu acessar a visão de que negócios podem e devem ser instrumentos para a realização de sonhos. E o que eu já posso adiantar a você é que essa não é uma característica apenas da empresa que promove alguns dos maiores festivais do mundo: é um potencial para toda e qualquer empresa, desde que seja impulsionada por pessoas que têm propósitos e valores claros e transversais a toda organização, além de disciplina e uma disposição permanente e automotivada de liderar pelo exemplo.

Muitas vezes eu brinco que a única maneira para que eu chegasse aos palcos do Rock in Rio era como CEO, justamente porque minha carreira de aspirante a músico profissional se encerrou precocemente, quando parei de tocar baixo e decidi cursar Engenharia (sabemos quando algumas coisas não são para ser, não é mesmo?). Aos 20 e poucos anos, eu ainda não compreendia como a mente de um engenheiro somada à paixão pela criatividade me daria habilidades e ferramentas para ajudar as empresas das quais participo a conectar a proposta de valor delas às possibilidades do mercado. Hoje, como diria Steve Jobs, eu consigo conectar todos os pontos olhando para trás a partir do lugar em que estou agora.

O QUE CORAGEM E ANTIFRAGILIDADE SIGNIFICAM PARA VOCÊ?

Já adiantei a você que o papel do líder está ancorado em ser uma referência, em ser o exemplo daquilo que se defende e do que se espera da organização, mas, para ser esse modelo, é preciso, primeiro, refletir sobre a sua visão de si mesmo.

Eu quis iniciar essa jornada que trilharemos juntos apresentando os conceitos de *coragem* e *antifragilidade* porque acredito que eles são condições *sine qua non* para quem quer assumir essa missão. É preciso que você analise o que esses dois conceitos representam para você quando estamos falando da motivação para sonhar e fazer, idealizar e agir.

O escritor Mark Twain, autor de obras-primas como *As aventuras de Tom Sawyer*, tem uma frase célebre que indica essa característica rara presente nos grandes líderes: "É incrível que no mundo de hoje a coragem física seja tão comum, mas a coragem moral seja tão rara".[7] Aliás, uma das definições de coragem é justamente "firmeza de espírito para enfrentar situação emocional ou moralmente difícil".

E não preciso ter meias-palavras com você: o dia a dia de qualquer liderança é repleto de situações emocionais e moralmente difíceis, desde a pressão pelos objetivos e resultados esperados da companhia, o encerramento de ciclos até as crises mais duras. E é por isso que refletir sobre seu modelo de coragem é tão importante. A maneira como você reconhece o que é um ato corajoso e o que é uma postura antifrágil é um bom ponto de partida para refletir sobre como tem sido sua liderança **hoje**.

- Você acredita que você, seu negócio e seu time estão saindo melhores das colisões que têm enfrentado?
- Na organização em que você atua, existe uma cultura que estimule a coragem para se posicionar diante das situações que colocam o negócio à prova?

Eu gosto de imaginar a coragem como a força propulsora que nos leva a sair de uma situação de fragilidade ou inércia para uma resposta antifrágil, transformadora a cada desafio. Tal como mostra a figura a seguir e na teoria de Nassim Taleb, o antifrágil é aquele que se aproveita das situações de crise para sair delas transformado e ainda mais forte, diferente do resiliente, que é só aquele com força de resistir às intempéries para manter as coisas como estão. Coragem nos dá firmeza para que, diante da vulnerabilidade, encontremos o caminho para uma realidade melhor.

---

[7] TWAIN, M. **Mark Twain in eruption**: hitherto unpublished pages about men and events. New York: Harper & Brothers, 1940. (p. 69.). Disponível em: https://archive.org/details/marktwaininerupt0000twai/mode/2up. Acesso em: 9 ago. 2024.

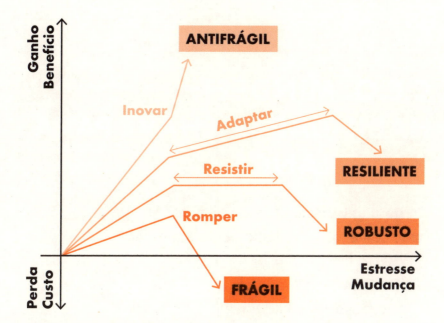

No entanto, para fazer essa virada, precisamos avançar para o próximo pilar, que eu chamo de **C.E.O. Mindset**.

2

C.E.O. MINDSET: HABILIDADES-CHAVE PARA A LIDERANÇA

I'm starting with the man in the mirror
Estou começando pelo homem no espelho
I'm asking him to change his ways
Estou pedindo para que ele mude suas atitudes
And no message could have been any clearer
E nenhuma mensagem poderia ser mais clara
If you wanna make the world a better place
Se você quer fazer do mundo um lugar melhor
Take a look at yourself and then make a change
Olhe para si mesmo e depois faça uma mudança

Man in the Mirror[8]
Michael Jackson

---

[8] MAN in the Mirror. Intérprete: Michael Jackson. *In*: BAD. Los Angeles: Epic Records, 1987.

"[...] a opinião que você adota a respeito de si mesmo afeta profundamente a maneira pela qual você leva sua vida."

Carol Dweck[9]

C. E. O.

C.E.O. MINDSET	CONECTAR	EQUILIBRAR	ORIENTAR
AMBIVALÊNCIA DA LIDERANÇA — TEMPO	LONGO PRAZO ▶	AGORA ◀	CURTO PRAZO
ATUAÇÃO	PALCO ▶	COOPERAÇÃO ◀	BASTIDORES
MOTIVAÇÃO	SONHAR ▶	CORAGEM & ANTIGRAFILIDADE ◀	FAZER
DOMÍNIOS	VISÃO — O QUÊ? COMO? QUEM? ▶	PROPÓSITO — POR QUÊ? ◀	RAZÃO — QUANDO? ONDE? QUANTO?
INDICADORES AMBIVALENTES (KPIS)	KEY PEOPLE INDICATORS ▶	KEY PURPOSE INDICATORS ◀	KEY PERFORMANCE INDICATORS

---

[9] DWECK, C. **Mindset**: a nova psicologia do sucesso. Edição do Kindle. Rio de Janeiro: Objetiva, 2017. p. 12.

Ser a pessoa responsável por tomar decisões não é um papel simples. Embora muitos vejam a cadeira do líder com algum olhar romântico ou como aquela mais cobiçada, há o outro lado da moeda: todos os medos, a fragilidade do negócio, a carga intensa ao entender que, por trás de cada número, para além dos resultados cobrados pelos acionistas ou de sua reputação e sua carreira, existem famílias inteiras sendo impactadas pelas escolhas que você faz.

Ao nos tornarmos líderes, devemos aprender que uma das principais métricas de sucesso deve ser nossa capacidade de impulsionar o crescimento de outras pessoas. Se falhamos nessa missão, falhamos com a equipe e com a empresa sobre a qual temos responsabilidades. E lidar com isso todos os dias implica sermos capazes de superar muitos medos e inseguranças. Enquanto não enfrentamos esses medos, ficamos presos à angústia de não saber como agir no presente da companhia e, consequentemente, limitamos nossa capacidade de agir de maneira adequada para promover nosso futuro.

Como lidar com uma posição em que você deve demonstrar confiança e coragem em resoluções difíceis, inspirando sua equipe a seguir em frente e, ao mesmo tempo, demonstrar sua vulnerabilidade, seus medos e inseguranças? Afinal, adotar essa atitude é fundamental para que sua equipe também possa demonstrar as próprias vulnerabilidades e, assim, juntos consigam compreender onde suas fortalezas complementam as fraquezas dos outros membros do time, incluindo as do líder.

Essas angústias não são exclusivamente minhas ou suas. Um artigo publicado na *Harvard Business Review* em 2015 refletiu sobre os medos da liderança. O autor entrevistou mais de 110 CEOs e percebeu alguns medos em comum:[10]

- O maior medo dos líderes era de serem considerados incompetentes para o papel que tinham assumido, medo este que diminuía a autoconfiança deles e prejudicava as relações no trabalho.

---

[10] JONES, R. What CEOs Are Afraid Of. **Harvard Business Review**, 24 fev. 2015. Disponível em: https://hbr.org/2015/02/what-ceos-are-afraid-of. Acesso em: 10 ago. 2024.

- Em seguida, os executivos entrevistados disseram temer apresentar baixo desempenho, parecer muito vulneráveis ou ser inadequados ao se posicionar. As consequências desses medos eram assumir riscos desnecessários, limitar a própria capacidade de ter conversas honestas e/ou ser excessivamente cautelosos, tomar más decisões e concentrar-se na sobrevivência, e não no crescimento.

Esses medos não vão embora. O que deve mudar é a maneira como lidamos com eles. E o ponto de partida, na minha visão, é olhar para si mesmo.

Como já mencionei antes, eu assumi a liderança da Osklen quando era ainda muito jovem; tinha apenas 28 anos. As circunstâncias me colocaram nessa posição de grande responsabilidade muito cedo, sem que tivesse conquistado uma bagagem executiva do mesmo nível de experiência e senioridade da maioria dos pares que estavam ali comigo na mesa de decisão dos rumos da empresa.

A liderança é uma prova de fogo. E quando o Oskar me fez aquele convite, logo entendi que precisaria criar um estilo de liderança próprio, muito consistente e pautado pelo exemplo em minhas atitudes, já que não tinha um histórico de resultados como líder em outras companhias que corroborasse minhas decisões.

O líder, sozinho, não realiza nada. Para mim, um dos grandes papéis do líder é ser um facilitador, alguém que alinha o caminho para que as pessoas possam realizar o que elas têm potencial de fazer melhor e, assim, contribuir para uma visão de futuro compartilhada do negócio em que se inserem.

Desde a Osklen, meu objetivo enquanto líder sempre foi oferecer um modelo de liderança que valorizasse comportamentos agregadores e conciliadores. Eu só poderia conquistar a confiança dos acionistas se aqueles executivos reconhecessem em mim um líder consistente com os valores da organização e se esses valores fossem os mesmos com os quais eles pessoalmente se identificassem. Desde o início, eu defendia que a liderança era um papel compartilhado, de modo que, se todos se unissem em favor de uma visão comum, aí sim poderíamos tomar decisões no curto prazo que fossem coerentes com a visão mais ampla do tipo de empresa que estávamos construindo.

Se você leva as pessoas para um ambiente de colaboração, o medo individual não as paralisa. Ao contrário, você pode construir um lugar de segurança entre elas, para que as decisões sejam tomadas a partir de uma perspectiva compartilhada e mais robusta. Isso vai se provar extremamente útil sobretudo quando você não tiver como fugir dos riscos e das incertezas.

Como fazer isso?

É PRECISO PROMOVER CONEXÃO, EQUILÍBRIO E ORIENTAÇÃO

O ponto de partida para nos reconhecermos como verdadeiros líderes é refletirmos sobre nós mesmos e sobre nossa maneira de exercer esse papel de influenciadores dos rumos da organização. Como na música que escolhi para abrir este capítulo, o primeiro passo é olhar para a pessoa que nos encara no espelho e identificar o que precisamos mudar em nós mesmos.

Além de trazer uma música para cada capítulo, abro-os também com uma citação que gera reflexões acerca daquilo que será discutido no componente respectivo do framework que vamos trabalhar. Aqui, eu trouxe Carol Dweck, uma das especialistas mais renomadas no campo da psicologia social e professora da Universidade de Stanford, que no livro *Mindset* foi brilhante ao apresentar a teoria da mentalidade de crescimento – que está muito alinhada ao que chamo de C.E.O. Mindset. Ela diz que "a opinião que você adota a respeito de si mesmo afeta profundamente a maneira pela qual você leva sua vida", que eu complemento dizendo que afeta também a maneira como você lidera.

Dweck descobriu, em mais de vinte anos de pesquisas, que as pessoas costumam agir com base em dois modelos mentais: mindset fixo e mindset de crescimento. Sendo assim, segundo a autora, quando agimos a partir de um mindset fixo, preocupamo-nos excessivamente com a maneira como seremos avaliados, temos medo de fracassar; logo, arriscamos menos e temos tendência a desistir mais rapidamente, porque o mindset fixo traz a convicção de que o esforço não vale a pena, já que as habilidades e os talentos de cada indivíduo são imutáveis. Já quando agimos a partir de um modelo mental orientado ao novo, acreditamos que qualquer situação é uma oportunidade de aprendizado, até mesmo (e principalmente) os potenciais fracassos.

Como expliquei antes, a coragem e a antifragilidade, para serem bem aplicadas, precisam de um componente que nos apoie e nos permita mudar a lente quando uma nova rota necessita ser estabelecida. Assim, o C.E.O. Mindset é um conjunto de habilidades que os líderes devem desenvolver em si mesmos e em todos os membros da organização, independentemente do cargo ou da função que ocupem.

Essas habilidades, quando aplicadas, servem como um modelo de preparação para que qualquer indivíduo seja capaz de desempenhar uma posição de liderança, em qualquer organização de qualquer indústria. A proposta é ter um alinhamento de visão que efetivamente impulsione a empresa e, assim, a própria carreira.

As três habilidades que no C.E.O. Framework formam o mesmo acrônimo da posição de alta liderança (Chief Executive Officer), podem ser dispostas como uma tríade:

C – CONECTAR: CONEXÃO COM O PROPÓSITO DA ORGANIZAÇÃO

Mais do que conhecimento específico de determinada indústria, um bom CEO traz alinhamento de valores. Essa é umas das lições mais valiosas que aprendi ao longo do tempo. Quanto mais forte é o alinhamento entre o DNA da organização e aquilo que o líder acredita para si mesmo, melhor será o desempenho dele em transmitir esses valores e trazer para a organização os melhores talentos com conhecimento técnico e tático que também acreditem e se identifiquem com esses valores.

Um dos grandes papéis do líder é ser o guardião da cultura e catalisador dos movimentos que levarão a organização aos resultados esperados, por isso ele precisa ser um profundo conhecedor do propósito do negócio. Afinal, parte do papel dele é comunicar esse propósito da maneira mais eficiente possível, atraindo aqueles que se identificam com esse propósito, ao mesmo tempo que remove as complexidades que travam o desempenho do time. Essa atitude abre espaço para que as pessoas possam colocar os próprios talentos a serviço do grande sonho compartilhado que inspira a organização.

Não tenho a menor dúvida de que grande parte do sucesso de minha carreira e dos resultados que obtive nos anos de CEO na Osklen ou na Rock World não vieram de minhas habilidades técnicas ou de um alto nível de expertise sobre alta-costura ou construção de palcos, e sim de minha genuína identificação com o propósito desses negócios que conversavam com meus sonhos. Essas empresas despertaram em mim o desejo de gerar alto impacto no mercado criativo, de atuar em negócios que valorizam a experiência do cliente acima de tudo, que são abertos à inovação e que carregam o sonho genuíno de deixar um legado no cenário brasileiro e internacional.

O "C" de Conectar no C.E.O. Mindset é essa habilidade de ser um profundo conhecedor do propósito compartilhado e um evangelizador permanente da crença genuína de que existe uma motivação comum unindo todos na busca de resultados fantásticos – e ela não é exclusivamente a última linha do balanço.

Simon Sinek, no ótimo livro *Comece pelo porquê*, traz uma afirmação que vai exatamente em linha com o que esse conceito-chave, conectar, busca gerar na organização:

> *Os grandes líderes, por outro lado, têm a capacidade de inspirar as pessoas a agir. Eles oferecem um sentimento de propósito e de pertencimento que tem pouco a ver com qualquer incentivo externo*

ou benefício que se possa obter. [...] Os que são capazes de inspirar vão criar um grupo de seguidores – apoiadores, eleitores, clientes, funcionários – que agem pelo bem do todo não porque são obrigados, mas porque assim o desejam.[11]

Conectar é fundamental para que todas as pessoas envolvidas na organização ou no projeto que você lidera vejam sentido em seus esforços.

E – EQUILIBRAR: DEFESA DOS RESULTADOS COLETIVOS

A segunda habilidade da tríade do C.E.O. Mindset é equilibrar. Um grande amigo meu, Daniel Lamarre, por muitos anos ocupou a cadeira de CEO do Cirque du Soleil, a companhia canadense de espetáculos que se tornou famosa pela disrupção que fez nos espetáculos circenses. Ele me disse uma vez que o CEO exerce um papel muito parecido com o dos artistas: "Vivemos eternamente em um ato de malabarismo, como a maioria dos meus artistas".

Consigo me imaginar perfeitamente na analogia que ele sempre pregou. O CEO de uma empresa precisa garantir que todos os pratinhos de uma operação permaneçam girando, não pode deixar que nenhum deles caia: o pratinho das margens, do controle de custos, da aquisição de novas receitas, da motivação da equipe, da expansão e diversificação de produtos, dos órgãos regulatórios, só para mencionar alguns deles. Além disso, imagine enfrentar esse desafio em cima de uma corda bamba, na qual precisamos estar delicadamente andando pé ante pé em um cabo de aço que representa o desafio de equilibrar todas as opiniões e os interesses dos diferentes stakeholders. Forças gravitacionais dos interesses dos acionistas o puxam para um lado, enquanto forças gravitacionais do mercado o puxam para outro, opiniões e interesses de sua equipe o fazem pender para a frente, enquanto a situação econômica ou de concorrência o puxa para trás.

---

[11] SINEK, S. **Comece pelo porquê**: como grandes líderes inspiram pessoas e equipes a agir. Edição do Kindle. Rio de Janeiro: Sextante, 2018. pp. 16-17.

Dessa maneira, um bom líder necessariamente precisa ter a habilidade de convergir todas as forças para um ponto de equilíbrio, no qual, somadas, mantenham os pratos em pé e o movimento na corda bamba seja realizado de maneira contínua, agregando e assimilando todas essas forças sem desestabilizar.

Como conseguir manter esse equilíbrio se muitas dessas forças direcionam para lados opostos? Como convergir no meio de opiniões tão divergentes entre os diversos stakeholders? Em minha visão, o líder que trabalha na busca do melhor resultado por meio da convergência não necessariamente conseguirá isso por meio do consenso. Muitas vezes, esse equilíbrio é atingido à base de conciliar muitos "sims" e estabelecer muitos "nãos". E é preciso aprender a antagonizar opiniões e pensamentos sem deixar que isso impacte negativamente o senso de pertencimento entre todos do grupo.

Algo que aprendi muito cedo é que tão importante quanto você orientar sua equipe sobre os caminhos que deverão seguir é ter muita clareza na comunicação acerca daquilo que **não** pode ser feito. Isso reduz, e muito, as potenciais frustrações com decisões que possam ser impopulares ou tidas como autocráticas quando vão de encontro a alguma opinião. É mais fácil que todos entendam que um investimento não pode ser feito quando compreendem o motivo de prioridade de alocação de outros recursos. É menos frustrante entender por que determinados cortes na empresa foram precisos quando todos compartilham do conhecimento de uma conjuntura financeira de caixa que demande atitudes mais austeras. É menos inseguro receber uma comunicação a respeito de um novo concorrente da própria empresa e os pensamentos estratégicos de como lidar com a entrada dele no mercado quando vinda de um líder do que quando lida em uma página de jornal.

Assim, para equilibrar todas essas fontes de pressão, o líder deve criar espaços que lhe permitam apresentar e discutir com o time as razões pelas quais estão seguindo por uma ou outra direção. Nesse sentido, uma das práticas que mais defendo é a da reunião aberta. Semanalmente reúno todas as lideranças da empresa e, uma vez por mês, toda a equipe. Reservamos esses encontros para que todos participem ou minimamente estejam informados dos resultados da companhia, dos novos projetos e de tudo que está acontecendo, incluindo problemas e oportunidades. Afinal, queremos uma empresa em que todos os talentos, em todos os níveis da organização, tenham consciência de que o somatório de todas as ideias e ações atuando de maneira equilibrada é o responsável pelos resultados que estão sendo apresentados. **O verdadeiro poder nas empresas não reside em uma única pessoa, porque é construído coletivamente.**

Ao equilibrar sua postura na defesa dos resultados coletivos, você privilegia o bem comum, fundamental para o modelo de liderança que visa à colaboração, ao compartilhamento de responsabilidades e, especialmente, ao desenvolvimento de todos – mesmo com desafios a serem enfrentados quando o contexto apresenta obstáculos.

O – ORIENTAR: CAPACIDADE DE INFLUENCIAR SEM IMPOR

O último elemento da tríade do C.E.O. Mindset é a habilidade de orientar.

O CEO é muitas vezes a personificação do *modus operandi* da organização. É quem representa, de alguma maneira, não só o resultado, mas também a maneira como a empresa irá buscá-lo. Por estar à frente das grandes decisões estratégicas, a maneira de liderança dele será sempre exposta e observada pelos liderados, servindo como inspiração ou crítica de modelo de gestão.

Sempre acreditei que um dos principais atributos de um bom líder é a capacidade de influenciar sem ser autoritário, contribuindo para um maior engajamento do time nos projetos, indicando os objetivos que serão priorizados e trazendo luz e transparência aos motivadores de cada decisão que, na maioria das vezes, não terão consenso.

Cada vez mais vamos trazer à tona a habilidade de comunicação e promoção de diálogo dos líderes, porque influência tem a ver com confiança. Somos influenciados pelas pessoas em quem confiamos e que admiramos, pois isso significa que respeitamos as ideias delas e acreditamos que essas percepções contribuem para nossa própria vida. E isso também vale para o ambiente profissional.

Se não é possível influenciar sem ter uma comunicação clara, não é possível criar comunicação sem desenvolver a capacidade genuína de ouvir – e mostrar na prática para o time que ali há uma liderança aberta às conversas.

Quero dar um exemplo que ilustra como esse ponto é sensível em uma organização. Há alguns anos, quando ainda era CEO da Osklen, visitei um parceiro de negócios que era vice-presidente de um dos maiores bancos do país e testemunhei como o medo pode exercer uma influência negativa e levar a grandes desperdícios de tempo e dinheiro de um negócio. Primeiro, deixe-me dizer que o escritório desse banqueiro era absolutamente requintado: um andar inteiro dedicado à vice-presidência, com móveis de madeira maciça, três secretárias atrás de um balcão imenso de mármore e um tapete persa lindo de uns 50 m² na antessala de espera por debaixo dos sofás em couro, em um dos quais eu esperava para ser recebido para a reunião.

Quando enfim me atendeu, percebi que o executivo estava muito agitado e visivelmente irritado. Então ele me contou que, três meses antes daquela visita, comentou com uma das secretárias que havia uma pequena mancha de café no majestoso tapete da recepção. Comentou isso e nunca mais retomou o assunto que claramente era insignificante diante dos problemas complexos que devia enfrentar diariamente. Até que, naquele mesmo dia, ao chegar ao escritório, notou uma grande mobilização de cerca de dez pessoas realizando a troca daquele imenso e fortunesco tapete por um novo em folha. Encomendaram outro tapete persa, direto da Turquia, porque a empresa responsável pela limpeza não conseguiu eliminar a pequena mancha de café do antigo. A indignação do executivo veio porque, em nenhum momento, as pessoas da equipe se sentiram confortáveis o bastante para conversar com ele e dizer: "Tentamos retirar a mancha, mas não funcionou... O que nos recomenda fazer?". A mancha era tão pequena que poderia ser facilmente escondida com uma leve adaptação no layout da sala e, se não desse para esconder, todos poderiam conviver, inclusive o executivo, com aquele detalhe que era quase imperceptível. Qualquer que fosse a solução, definitivamente não precisavam de toda a articulação e todo o investimento para importar um novo tapete caríssimo.

O grande ponto dessa história e o que vi nos olhos de frustração daquele experiente executivo ao me contar o que tinha acontecido é que, naquele dia, ele reconheceu que havia falhado como líder, pois identificou que o estilo de liderança dele causava medo na equipe, e isso certamente estava prejudicando os resultados do negócio. Se seria assim com a mancha do tapete, imagine com o resto dos assuntos importantes da empresa...

Conto essa história de maneira recorrente para minha equipe para enfatizar que o líder deve guiar e influenciar, mas que eles não devem simplesmente aceitar todas as minhas colocações como verdade absoluta. É importante que apresentem os pontos de vista deles, mesmo que divergentes dos meus, pois esse diálogo trará oportunidade de pensarmos em soluções melhores para a empresa. Digo a eles: "Lembrem-se do tapete. Não me deixem ser o cara do tapete". Especialmente se o que estiver em jogo forem ações que demandam muito esforço e recurso.

Muitas vezes, vejo líderes que acreditam estar ouvindo, mas, na verdade, estão apenas esperando a vez de falar. Em vez de prestar atenção genuína no que o time está trazendo, estão ocupados demais com as próprias ideias. Não estão verdadeiramente presentes quando alguém da equipe está expondo opiniões e ficam mentalmente elaborando seus contrapontos para garantir que a própria posição não seja derrubada, como se reverter uma opinião fosse uma demonstração de fraqueza.

Para se tornar alguém que influencia sem precisar ter uma atitude impositiva, o líder precisa estar presente, engajado e aberto ao diálogo. Para criar um ambiente não apenas criativo e colaborativo, mas também transparente, você precisa criar condições para que essas dinâmicas de avaliação sem julgamento ou medo de punições possam acontecer.

Uma empresa, em uma analogia simples, é como uma embarcação, na qual o CEO assume o papel de capitão. Em uma embarcação pequena, como uma startup, o capitão até consegue controlar tudo o que está acontecendo, estando ao mesmo tempo com a mão no leme e com olhar para a proa, que indica a direção para onde todos estão sendo levados. As decisões dele são guiadas por esse objetivo de destino final; se o restante da equipe não tiver visibilidade dessa direção, significa que ela não poderá ajudar tanto quanto poderia. Ainda assim, em uma pequena embarcação, existe a possibilidade de se direcionar de maneira coerente.

Porém, tanto em um grande navio como em uma empresa de alta complexidade, isso é absolutamente impossível. O capitão precisa liderar em um nível mais estratégico, servindo como um orientador que abre espaço para que todas

C.E.O. Mindset **43**

as pessoas saibam o que cada um deve fazer para que sejam orientadas por uma bússola e um plano de viagem que garantam que as ações e responsabilidades compartilhadas direcionem a empresa a um porto seguro. Portanto, a sincronia da tripulação será determinada por essa capacidade de prover orientação.

* * *

No framework de liderança que desenvolvi, o C.E.O. Mindset ocupa o bloco superior porque as habilidades que o compõem devem influenciar todos os campos de atuação do líder. Como em um efeito cascata, essa representação serve como um lembrete da responsabilidade do líder em cada contexto da função.

Como líderes, eu espero que a reflexão deste capítulo reforce que, em nosso papel, é preciso ter uma mentalidade orientada por três princípios: *conectar para gerar convergência, equilibrar para tomar decisões* e *orientar para obter eficiência.*

3

AS AMBIVALÊNCIAS NA LIDERANÇA

I am free, but I'm focused
Eu sou livre, mas sou dedicada
I'm green, but I'm wise
Sou imatura, mas sou sábia
I'm hard, but I'm friendly, baby
Sou durona, mas sou amigável, meu bem
I'm brave, but I'm chicken shit
Eu sou valente, mas sou uma covarde
[...]
When it all comes down to, my friends, yeah
E no fim das contas, meus amigos, é
Is that everything's just fine, fine, fine [...]
É que está tudo bem, bem, bem [...]
'Cause I've got one hand in my pocket
Porque eu estou com uma mão no meu bolso
And the other is playing a piano
E a outra está tocando piano

Hands in My Pocket[12]
Alanis Morisette

---

[12] HANDS in My Pocket. Intérprete: Alanis Morissette. *In*: JAGGED Little Pill. Los Angeles: Maverick Records, 1995.

> *"Liderança é uma escolha, não uma posição."*
> **Stephen R. Covey**[13]

C. E. O.

C.E.O. MINDSET	CONECTAR	EQUILIBRAR	ORIENTAR
AMBIVALÊNCIA DA LIDERANÇA — TEMPO	LONGO PRAZO ▶	◀ AGORA ◀	CURTO PRAZO
ATUAÇÃO	PALCO ▶	◀ COOPERAÇÃO ◀	BASTIDORES
MOTIVAÇÃO	SONHAR ▶	◀ CORAGEM & ANTIGRAFILIDADE ◀	FAZER
DOMÍNIOS	VISÃO / O QUÊ? COMO? QUEM? ▶	◀ PROPÓSITO / POR QUÊ? ◀	RAZÃO / QUANDO? ONDE? QUANTO?
INDICADORES AMBIVALENTES (KPIS)	KEY PEOPLE INDICATORS ▶	◀ KEY PURPOSE INDICATORS ◀	KEY PERFORMANCE INDICATORS

---

[13] COVEY, S. R. Leadership is a Choice, Not a Position: Stepen R Covey. **Business Standard**, 25 jan. 2013. Disponível em: https://www.business-standard.com/article/management/leadership-is-a-choice-not-a-position-stepen-r-covey-109020300076_1.html. Acesso em: 10 ago. 2024.

LIDERAR É COMO ANDAR DE BICICLETA?

Tente se lembrar de quando você aprendeu a andar de bicicleta ou, se for o caso, quando ensinou seu filho ou alguém a dar as primeiras pedaladas.

No início parece contraintuitivo que, para nos mantermos equilibrados, ou seja, sem tombar para um dos dois lados, é preciso que estejamos movimentando os dois pedais de maneira sincronizada, em um movimento contínuo. Aprendemos que, ao pedalar do lado esquerdo, fazemos uma força que nos empurra para o lado direito e, na sequência, pedalamos do lado direito, que nos empurra para o lado esquerdo – esses movimentos coordenados nos permitem ficar aprumados ao centro e, ainda melhor, a nos movimentar para frente. Esse exemplo também funciona para um equilibrista, que, para atravessar a corda bamba, precisa se manter caminhando de maneira coordenada com os dois pés em posição oposta para que não caia.

Quem nunca usou a expressão "Isso é como andar de bicicleta: uma vez que a gente aprende nunca mais esquece"? A pergunta que fica para nós é: se essas lições aprendidas no processo de dominar uma bicicleta são inesquecíveis, por que não as aplicamos também em nossa vida e carreira? Por que não resgatamos esse precioso aprendizado de que é preciso equalizar as forças opostas para seguirmos adiante em equilíbrio?

A AMBIVALÊNCIA COMO FONTE DE APRENDIZADO

Philip Liebman, um CEO norte-americano bastante experiente e que liderou empresas em diferentes segmentos, além de ter apoiado a construção de modelos de negócio e captação de investimentos para startups, escreveu:

> *A dualidade é que devemos enfrentar o futuro com todas as suas incógnitas – ao mesmo tempo que enfrentamos a realidade – que é a execução do que sabemos e deve ser conhecido. O problema é: como conciliar a certeza da realidade com a incerteza do futuro? Quanto mais influência você busca ter, maior será a incerteza que necessariamente encontrará. [...] Você já percebeu que é mais provável que as coisas sobre as quais você tem mais certeza*

apresentem o maior grau de risco absoluto? O risco aumenta em parte porque junto com a certeza vem a familiaridade e a complacência. É também porque você pode ficar tentado a arriscar mais do que pode perder.[14]

Como líderes, não podemos escapar dessa dualidade. Pelo contrário, devemos reconhecê-la e, a partir disso, entender como ela pode ser útil para tomarmos decisões melhores. Esse padrão dicotômico, em que estamos sempre conciliando situações e reflexões antagônicas e complementares, me levou à pesquisa de Naomi Rothman, professora de gestão da Lehigh Business University, nos Estados Unidos. Ela, junto a outros pesquisadores, quis entender como a ambivalência influenciava a liderança e a relação entre as pessoas na organização.

Rothman explica que "a ambivalência é definida simplesmente como a experiência simultânea de emoções ou pensamentos e atitudes positivas e negativas sobre uma coisa – um único alvo. Esse alvo pode ser uma pessoa, uma situação, um objeto, um evento ou uma ideia".[15] No cenário atual das organizações, acredito que estamos sempre experienciando essa sensação de medo e excitação em relação ao que podemos – e queremos – construir em nossas empresas.

Quantas vezes ouvimos relatos de negócios que ruíram porque os líderes acreditavam ter todas as respostas na manga? A ambivalência nos ajuda a não ignorar o que não sabemos.

[Líderes ambivalentes] não estão simplesmente dependendo de outras pessoas para fazerem seu trabalho. Eles estão percebendo

---

[14] LIEBMAN, P. The Duality of Leadership: Why We Fail Without Creativity. **LinkedIn**, 9 mar. 2020. Disponível em: https://www.linkedin.com/pulse/duality-leadership-why-we-fail-without-creativity-liebman-mlas. Acesso em: 10 ago. 2024. Tradução livre.

[15] ROTHMAN, N. Naomi Rothman on the Value — and Potential Pitfalls — of Ambivalence. **College of Business, Lehigh University**, 8 set. 2023. Disponível em: https://business.lehigh.edu/blog/2023/naomi-rothman-value-and-potential-pitfalls-ambivalence. Acesso em: 10 ago. 2024.

que os problemas são complexos e se beneficiariam de um conjunto mais diversificado de informações para resolvê-los. [...] [Além disso] quando os líderes mostram a sua ambivalência emocional [...] a equipe os percebe como mais abertos a contribuições e melhores ouvintes [...] Isso inspira os membros da equipe a compartilhar ideias construtivas e a serem mais inovadores.[16]

Existe um case famoso de mercado que, para mim, se relaciona muito com essa capacidade e os benefícios de uma liderança ambivalente, que tem escuta ativa e não se fecha àquilo que já conhece.

Conta-se que, certo dia, o serviço de atendimento ao cliente da General Motors (GM) recebeu um e-mail de um cliente com o seguinte assunto: "Meu carro Pontiac não gosta de sorvete de baunilha". Parecia uma piada e, portanto, o e-mail foi originalmente ignorado. Contudo, algum tempo depois, esse cliente escreveu à empresa novamente, contando com mais detalhes algo que, embora pudesse parecer um grande absurdo, ele relatava como a mais pura verdade: pai de uma família com crianças que adoravam sorvete, todas as vezes que saía com o carro e comprava sorvete de sabor baunilha, ao retornar ao estacionamento do supermercado, o carro não ligava. Mas, quando ele ia ao supermercado com o mesmo carro e comprava sorvete de morango ou qualquer outro sabor, o carro ligava sem nenhum problema.

É claro que não fazia nenhum sentido que o carro tivesse qualquer preferência pelo sabor dos sorvetes, e essa mensagem do cliente parecia um grande absurdo, provavelmente seria ignorada por qualquer serviço de atendimento ao cliente ocupado com problemas mais realistas. Porém, a liderança do atendimento ao cliente da GM entendeu que deveria dar ouvidos mesmo que a queixa pudesse ser irreal e colocou um engenheiro para investigar o caso. O engenheiro teria a missão mais inusitada da carreira: ir às compras de sorvete com uma família proprietária de um carro que usava

---

[16] SINEK, S. **Comece pelo porquê**: como grandes líderes inspiram pessoas e equipes a agir. Edição do Kindle. Rio de Janeiro: Sextante, 2018. pp. 16-17.

o projeto em que ele havia trabalhado. E assim começaram as visitas ao cliente: na primeira noite, compraram sorvete de chocolate e o carro funcionou; na segunda, compraram sorvete de morango e o carro funcionou; na terceira, compraram sorvete de baunilha e o carro não ligou. A investigação continuou até que o engenheiro percebeu uma coisa: o cliente levava menos tempo para comprar sorvete de baunilha, pois, por ser um dos sabores com maior saída, o mercado o colocava estrategicamente ao lado do caixa, na frente do mercado, enquanto os demais sabores, que tinham saída menor, ficavam localizados ao fundo daquele mercado enorme. O problema então não era o sabor comprado, e sim o tempo que o cliente levava para concluir a compra e retornar para o carro e tentar religá-lo. Esse problema era causado pelo mau funcionamento do sistema de bloqueio do vapor, fazendo que o carro não esfriasse rápido o bastante.[17] [18]

Mais do que uma escuta ativa, o time da GM teve uma **escuta proativa** em relação ao cliente, com real curiosidade e interesse para entender o problema que ele estava tendo. Um líder que não esteja aberto a ignorar o próprio impulso racional de pré-julgamento por aquilo que sabe ou imagina (como a impossibilidade de um carro ter preferências por sabores de sorvete) e não se abra para uma abordagem improvável vinda da visão de outros (especialmente clientes ou colaboradores), perde a possibilidade de fazer uma descoberta importante que, se tivesse sido ignorada, poderia levar a prejuízos muito maiores à GM do que o recall do modelo Pontiac com defeito no sistema de resfriamento.

A ambivalência, portanto, nos permite ser mais cautelosos antes de assumirmos uma posição positiva ou negativa demais diante de qualquer situação. A ambivalência traz um olhar de causa e consequência, uma

---

[17] THIS Car of General Motors Doesn't Allow People to Eat Only Vanilla Ice-cream. **ET Auto**, 18 out. 2017. Disponível em: https://auto.economictimes.indiatimes.com/news/this-car-of-general-motors-doesnt-allow-people-to-eat-only-vanilla-ice-cream/61130692. Acesso em: 10 ago. 2024.

[18] BALAKRISHNA, T. Vanilla Ice cream Story of GM. UVCE99: **Google Groups**, 7 jun. 2014. Disponível em: https://groups.google.com/g/uvce99/c/c7CqytNwHnE?pli=1. Acesso em: 10 ago. 2024.

preocupação mais profunda e investigativa em relação aos impactos múltiplos que cada escolha pode gerar.

Em um estudo conduzido durante cinco anos com mais de 240 CEOs, descobriu-se que líderes ambivalentes:[19]

- são capazes de balancear múltiplas perspectivas e estão aptos a realizar mudanças a partir disso;
- evitam agir com base em vieses e consideram o impacto de longo prazo das próprias ações;
- desenvolvem interpretações e respostas mais adequadas aos desafios apresentados.

Essas habilidades estão alinhadas com a maneira de o nosso cérebro funcionar, e quanto mais compreendemos os nossos mecanismos internos, melhor navegamos pela ambivalência e pela dicotomia da liderança: integrar a visão de futuro e da imaginação com as ações concretas de realização no presente.

AS QUATRO AMBIVALÊNCIAS DA LIDERANÇA

Quanto mais eu estudava e refletia sobre como poderia me desenvolver enquanto líder e, a partir disso, contribuir para a jornada das pessoas ao meu redor, mais me deparava com a ideia de dualidade. Há sempre dois grandes fatores se contrapondo no dia a dia do líder. E eu cheguei à conclusão de que a dualidade se manifesta, para nós, essencialmente em quatro eixos:

- **Tempo:** essa é a dualidade basal da liderança, que está constantemente avaliando os objetivos de longo prazo versus as ações de curto prazo.
- **Atuação:** ora o líder está diante dos holofotes, ora está nos bastidores. Em cada um desses cenários, há expectativas e responsabilidades específicas para a performance.
- **Motivação:** refere-se ao combustível para transformar os sonhos em resultados concretos. Já exploramos essa ambivalência no Capítulo 1 ao falar sobre coragem e antifragilidade.

---

[19] HAHN, T. Ambivalent Leaders: Key Drivers of Corporate Social Performance. **Do Better**, 19 out. 2019. Disponível em: https://dobetter.esade.edu/en/ambivalent-leaders-corporate-performance. Acesso em: 10 ago. 2024.

- **Domínios:** são como territórios pelos quais o líder é responsável, os chapéus que deve usar para orquestrar o negócio.

Vamos nos aprofundar em cada um desses eixos nos próximos capítulos, mas aqui já quero dizer que para cada um deles, tal como mostra a relação no framework, existem dois conceitos polarizados e um caminho do meio, o ponto de equilíbrio conduzido pelo C.E.O. Mindset que deve ser observado e convergido por todo líder.

Antes de chegarmos às estratégias para cada uma dessas dualidades incontornáveis, precisamos mergulhar no significado desse conceito e identificar como incorporar a **ambivalência** se torna tão importante para as novas e atuais lideranças.

Eu já usei o termo "convergência" algumas vezes, porque ele é realmente muito importante para entendermos nossa missão diante das ambivalências. A convergência é crucial para transformar as dualidades aparentemente antagônicas em uma força coesa. Esta surge por meio do elemento central do framework, que articula o que é necessário para o alinhamento entre cada um dos polos.

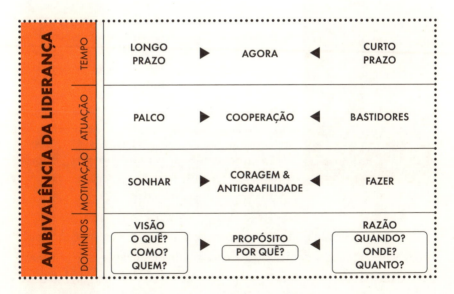

A tabela a seguir apresenta a essência de cada um dos eixos ambivalentes:

TEMPO	Aqui, os líderes devem buscar a convergência entre a visão de longo prazo e as necessidades de curto prazo. Quanto melhor conseguem articular como cada passo no presente contribui para o alcance do futuro desejável compartilhado com todos da empresa, mais forte se torna o senso de pertencimento e continuidade do negócio.
ATUAÇÃO	A atuação do líder se divide entre orquestrar o palco e os bastidores da organização. O palco representa a face pública do líder, inspirando e guiando a equipe. Os bastidores representam o papel estratégico dele, assegurando que os processos e as operações de todos da equipe estejam alinhados e sejam reconhecidos e valorizados para suportar a performance, a entrega final.
MOTIVAÇÃO	Um líder visionário inspira a equipe com ideais que se conectam ao propósito individual e não se limitam ao campo aspiracional, trazendo habilidades práticas de realização e capacidade prática e empreendedora para implementar essa visão. A coragem e a antifragilidade, tal como vimos no Capítulo 1, são as habilidades-chave e a ponte para conectar visão e realização, superando riscos e situações adversas que são potenciais fragilizadores da motivação.
DOMÍNIOS	Os domínios representam os planos que norteiam o líder nas diferentes frentes de atuação. São as perguntas que devem ser permanentemente revisitadas para garantir que o GPS dele esteja calibrado, alinhando proposta de valor, cultura e pessoas (responsáveis pela construção da visão) com planejamento tático e recursos de curto prazo (fundamentais para a entrega dos resultados presentes). A convergência é direcionada pela reavaliação permanente do propósito inspirador que equilibra a distante visão do grande sonho, o planejamento rigoroso e a execução disciplinada.

A ambivalência na liderança não deve ser vista como uma contradição, e sim como uma oportunidade para a convergência de diferentes aspectos de gestão. Essa convergência permite que a organização funcione de maneira harmoniosa, com todas as partes trabalhando juntas em direção a objetivos comuns, transformando a dualidade em uma vantagem estratégica poderosa.

NOSSO CÉREBRO TAMBÉM NOS ENSINA A AMBIVALÊNCIA DA LIDERANÇA

Existe uma razão científica pela qual devemos acreditar que todos temos potencial de lidar com essas habilidades aparentemente tão antagônicas. A estrutura de nosso cérebro, com dois hemisférios, já nos traz um grande indicativo de como lidamos diariamente com esse equilíbrio de habilidades tão distintas e complementares.

Daniel Pink, um renomado autor de obras relacionadas a gestão e ciência comportamental, explica o funcionamento dos dois lados do cérebro:

> O hemisfério esquerdo é sequencial, lógico e analítico. O hemisfério direito é não linear, intuitivo e holístico. Essas distinções têm sido frequentemente caricaturadas. E, claro, usamos ambas as metades do nosso cérebro até mesmo para as tarefas mais simples. Mas as diferenças bem estabelecidas entre os dois hemisférios do cérebro produzem uma metáfora poderosa para interpretar o nosso presente e orientar o nosso futuro.[20]

Depois de analisar três décadas de pesquisa sobre os hemisférios do cérebro, ele afirma que podemos estabelecer quatro diferenças fundamentais:[21]

- **O hemisfério esquerdo controla o lado direito do corpo; o hemisfério direito controla o lado esquerdo do corpo.** Diz-se, portanto, que nosso cérebro funciona de maneira contralateral, ou seja, para realizarmos algo com a mão direita, ativamos uma região no hemisfério esquerdo do cérebro.
- **O hemisfério esquerdo é sequencial; o hemisfério direito é simultâneo.** Enquanto o lado esquerdo decodifica uma coisa por vez, seguindo uma sequência lógica (monotarefa), o lado direito consegue perceber diversos fatores ao mesmo tempo e condensar tudo isso em nossa

---

[20] PINK, D. H. **A Whole New Mind**: Why Right-Brainers Will Rule the Future. Edição do Kindle. New York: Penguin Publishing Group, 2006. p. 3. Tradução livre.

[21] Ibid., pp. 17-22. Tradução livre.

interpretação de, por exemplo, uma situação que vivemos (o lado direito é multiperceptivo).

- **O hemisfério esquerdo é especializado em texto; o hemisfério direito é especializado em contexto.** O lado esquerdo entende *o que* está sendo dito, por exemplo, enquanto o lado direito capta *como* está sendo dito. Essas duas funções são importantes para que possamos interpretar melhor as informações que recebemos e o comportamento das pessoas à nossa volta.

- **O hemisfério esquerdo analisa os detalhes; o hemisfério direito sintetiza o quadro geral.** A combinação dessas duas habilidades nos permite entender as relações de interdependência em tudo o que fazemos, vemos ou decidimos.

O conhecimento dessa maneira de atuação dos hemisférios do cérebro já pode nos dar algumas dicas com relação à produtividade da atuação dele. O hemisfério esquerdo, mais analítico, que atua de maneira sequencial, limita nossa capacidade de realizar, com concentração, múltiplas tarefas racionais ou lógicas. Multitasking de tarefas analíticas não são produtivas, justamente porque demandam concentração e atenção.

Já o hemisfério direito, que está mais interligado a nosso sistema emocional, à criatividade e à percepção, atua com múltiplos estímulos, ou seja, quanto maior é o conjunto de dados captados ou acessados simultaneamente, melhor será objeto de criação ou de compreensão dele.

Usando isso como um paralelo para a liderança, precisamos captar o máximo de informação sobre determinado contexto, trazer múltiplas perspectivas e, então, ter um momento de alta concentração para usar esse conhecimento como âncora para determinar os aspectos mais pragmáticos de uma decisão. Por exemplo, um líder não pode determinar uma meta para o time sem antes considerar as condições e os contextos nos quais tal meta será buscada e como ela apoia a construção do futuro da organização.

Significa dizer que, para tomar boas decisões, há que se considerar como a mente processa as informações para ter certeza de que está levando em conta não apenas a situação objetivamente, mas também o contexto em que ela está inserida, os impactos que podem ser gerados, a maneira *como* as pessoas estão enfrentando algum desafio que tenha se apresentado.

Quando falamos em lado direito e lado esquerdo do cérebro, não é que um seja mais importante do que o outro, como se acreditou por muito tempo no passado. Precisamos da combinação dos dois, assim como precisamos da ambivalência nos líderes, dessa capacidade de integrar diferentes habilidades para melhor agir em cada situação – seja quando há uma crise incontornável, como o incêndio na Osklen, seja quando temos uma oportunidade com alto risco envolvido.

TODO BOM LÍDER É, EM ESSÊNCIA, UM BOM CURADOR

Estando por mais de uma década na concepção de festivais de música, pude estabelecer um paralelo entre essa habilidade fundamental de um líder atuar a partir de um repertório diversificado e aberto a uma variedade de contextos, informações e pontos de vista, e o processo de curadoria de um festival.

O Rock in Rio nunca foi um festival com um único gênero musical. É fácil de perceber, já na primeira edição, em 1985, nos artistas que estiveram presentes entre os dias 11 e 20 de janeiro na Cidade do Rock: Queen e Ney Matogrosso; Iron Maiden e George Benson; AC/DC e Al Jarreau; Whitesnake e Rod Stewart; Yes e Kid Abelha; Ozzy Osbourne e B-52s; Elba Ramalho e Rita Lee. E assim poderíamos estabelecer paralelos entre artistas de diferentes gêneros musicais que indicavam a pluralidade de gêneros e mensagens e compartilhavam um conceito, e não a sonoridade, que simbolizava o *rock*: atitude transgressora, desejo de mudança do status quo, inovação, experimentação. Tudo isso é **rock**.

Um líder deve atuar com o time a partir desse mesmo olhar de curadoria que um diretor artístico traz para o festival. Como construir um time harmônico, que não seja pasteurizado? Como trazer pessoas com habilidades e contextos cognitivos completamente distintos, que tenham uma atitude e uma visão de mundo semelhantes?

Eu já disse que enfrentar as ambivalências implica descobrir o caminho do meio que as equilibra. Para isso, é preciso estabelecer algumas premissas. São as premissas que, como em um grande festival, guiam o processo de curadoria:

- **Clareza quanto ao que estamos tentando construir.** É preciso que nossa proposta de curadoria seja clara para todos. Quando dizemos que o rock do Rock in Rio é uma atitude, e não um gênero musical, precisamos vocalizar isso para atrair pessoas e artistas que compreendam e compartilhem essa visão e queiram fazer parte dela independentemente do gênero musical.

- **Desafios diversos, necessidade de times diversos.** Inovação e disrupção acontecem quando somos capazes de combinar diferentes repertórios, conhecimentos e experiências para criar algo novo ou ressignificar algo que já existe. A melhor maneira de fazer isso é tendo a seu lado equipes com habilidades, histórias, repertórios e contextos sociais diversos. Essas pessoas permanecerão com você no jogo do longo prazo se o tópico anterior for convergente para o que elas também querem construir na própria vida.

- **Atualização permanente.** Um bom curador vai a campo. Ele não fica preso no próprio mundo já conhecido. Um bom curador é aquele que, além do óbvio, descobre novos artistas e obras que ainda não ganharam o público e lhes dá condições de fazer isso. É a mesma coisa para os líderes: precisamos estar atentos aos movimentos do mercado e do mundo para além de nossas bolhas e, a partir disso, trazer para o time as possibilidades e os recursos para criarmos inovações e seguirmos o novo espírito do tempo.

Por isso, em um processo de decisão, como em uma curadoria, é preciso analisar diversos contextos e dimensões que possam auxiliá-lo no processo de tomada de decisões e que possam não parecer tão óbvios quando olhados em um único contexto, como no exemplo que trarei a seguir.

O CÉU NÃO É O LIMITE

Quando queremos dizer que um negócio não tem fronteiras para o impossível ou um time tem uma atitude ousada nos planos de negócio, costumamos dizer que "o céu é o limite". Nós decidimos que nem ele seria o limite para nosso festival.

Hoje em dia, pensar na realização de um espetáculo de drones sincronizados no ar é algo que já parece mais comum, mas em 2017 não era. Nosso festival no Brasil foi um dos pioneiros no cenário a fazer um show como esses, que só era possível de realizar contratando uma empresa na Áustria e com um investimento de mais de 1 milhão de dólares. Era algo inédito, um espetáculo visual que poucos no mundo haviam testemunhado até então. Os drones deveriam ir ao céu no momento exato de transição para a banda principal da noite e, durante nove minutos, formariam palavras e desenhos de maneira sincronizada com a música em um espetáculo impressionante para a época. No entanto, havia um pequeno detalhe que poderia arruinar tudo: a velocidade do vento. Pelas normas de segurança da realização do show, se a velocidade do vento no momento do espetáculo estivesse superior a 50 quilômetros por hora, o voo não poderia ser realizado; todo aquele investimento caríssimo iria por água abaixo e a expectativa de realização seria frustrada.

É claro que, apesar de toda nossa ousadia em querer fazer acontecer aquele show inédito, seria prudente investigar o histórico da incidência de ventos no Rio de Janeiro para aquele período do ano. Nossa pesquisa se debruçou em todos os dados históricos, e, é óbvio, os valores não nos ajudariam muito em nossa decisão. A média histórica dos dez anos anteriores era bem próxima de 50 quilômetros por hora naquela época do ano. Não tínhamos margem para descartar a ideia nem para avançar.

Você deve imaginar que, se estou contando essa história aqui, é porque teve um final feliz. Sim! Pode chamar de milagre, alinhamento dos astros (ou sorte mesmo!), mas nos sete dias de evento, no momento em que precisávamos subir os drones para a realização do espetáculo, praticamente não havia vento, e os drones bailavam com a música sobre os olhares perplexos de toda a multidão. Foi emocionante. Um risco que valia a pena correr, justamente porque era a possibilidade de fazer algo grandioso para a nossa missão de proporcionar experiências incríveis para nosso público.

Para além da sorte ou do sucesso dessa realização, apresento essa história por dois motivos: é mais um exemplo de coragem, fator central de nosso framework, e é um bom exemplo de uma decisão cuja avaliação passou por todas as quatro dimensões de ambivalência da liderança:

TEMPO	Essa ação está alinhada com nossa intenção de futuro de sermos cada vez mais reconhecidos por nosso público pela inovação e experiência em nossos eventos, que vão além dos concertos das bandas em cima dos palcos? (longo prazo) Se der certo, teremos entregado uma experiência inesquecível aos participantes do festival nessa edição? (curto prazo) Se dissermos "sim" para as duas perguntas, então valem a pena os esforços para realização do projeto AGORA.
ATUAÇÃO	O time se empenhou na construção coletiva dessa ideia, assumindo para si as responsabilidades individuais, como protagonistas da realização? (bastidores) Usaremos nossas posições de liderança para proteger o time e estabelecer uma cultura de confiança e segurança psicológica que incentive decisões corajosas alinhadas a nosso propósito, mesmo com o risco de fracasso? (palco) Se dissermos "sim" para as duas perguntas, então estamos prontos para atuar a partir da COOPERAÇÃO.
MOTIVAÇÃO	Todos compartilham o sonho grande de sermos pioneiros na realização de experiências inéditas e surpreendentes que encantem nosso público e se orgulham da dimensão dessas possibilidades? (sonhar) Traçamos um plano robusto de execução, para guiar a operação tática do projeto, mitigando riscos e mapeando as variáveis e tarefas envolvidas para a viabilização? (fazer) Se dissermos "sim" para as duas perguntas, então poderemos lidar com os desafios e as incertezas desse investimento com CORAGEM e ANTIFRAGILIDADE.
DOMÍNIOS	Temos uma visão clara da proposta de valor que o show entrega para nosso cliente (o que queremos fazer), as pessoas que precisam ser envolvidas (internas e externas a nosso time) e como enfrentaremos os desafios para realizá-lo (cultura)? (visão) Avaliamos os recursos necessários (financeiros e não financeiros), mapeamos os riscos, estabelecemos um cronograma com todas as etapas e prazos essenciais para a realização do projeto? (razão) Se dissermos "sim" para as duas perguntas, então podemos enxergar uma maneira de viabilizar a ideia originada do PROPÓSITO ou porquê que nos alinha na realização mediante os riscos e desafios nos diversos cenários que possam afetar o sucesso da realização do projeto.

Nós havíamos considerado todos os fatores que poderiam impedir a realização do espetáculo, bem como qual era o papel de cada membro do time para que estivéssemos sincronizados no momento em que deveríamos ir ao ar, então tínhamos segurança e convicção do que significa assumir aquele risco milionário e como controlar todas as variáveis que estavam mapeadas e a nosso alcance, a despeito do que sabíamos não poder controlar. Estávamos juntos.

LADO A E LADO B

Depois que cheguei a essa visão das ambivalências, comecei a ver a potência disso em todos os lugares: outro dia, quando revisitava meus discos antigos de vinil, me veio novamente essa visão da ambivalência de forma material. Apesar de os vinis estarem de volta para um público mais alternativo ou amante da música pura, eu sei que denuncio minha idade quando digo que essa era a única maneira de ouvir minhas bandas favoritas em uma época em que música digital ainda era um sonho distante.

Independentemente da idade, os amantes do vinil estão acostumados aos famosos lado A e lado B que separam as músicas escolhidas pelos artistas para aquele álbum. Embora seja possível ouvir apenas um deles, acredito que, ao considerar os dois lados, o ouvinte é capaz de acessar uma dimensão mais profunda daquela obra. A disposição das músicas nos discos de vinil, historicamente, é interpretada como: lado A para as músicas mais acessíveis e comerciais, aquelas que geralmente iam para o rádio e eram escolhidas como as "músicas de trabalho"; e o lado B era aquele usado para a experimentação e a expressão autêntica do artista.[22] Como um amante da música desde pequeno, sempre explorava ao máximo essa dualidade criativa estimulando formas diferentes de conhecer a potência musical de meus artistas prediletos. Eu imaginava que era um dos poucos a virar o lado e sair daquelas músicas que se ouvia até saber a letra de cor. Depois de anos me orgulhando em pensar que eu seria um dos poucos a explorar com profundidade o repertório desses artistas, me deparei recentemente com uma pesquisa realizada em 2021 pela Deezer, uma das plataformas de streaming musical, que afirma por meio da própria base

---

[22] LADO A e lado B. *In*: Wikie. Disponível em: https://wikie.com.br/Lado_A_e_lado_B. Acesso em: 10 ago. 2024.

de dados que "50% das músicas mais ouvidas em 2021 lançadas em álbuns estão na metade final [ao álbum], ou seja, no chamado lado B".[23]

Esse dado curioso indica que, apesar da atratividade das músicas de maior audiência e sucesso, existe uma demanda igualmente relevante pelo novo, pelo diverso, pelo inesperado e sobretudo pelo autêntico. Ou seja, é possível você ampliar seu repertório como líder e atuar no novo sem largar mão do óbvio. Em tempos de desafios operacionais, competitividade, busca por atração e retenção de talentos, existe um espaço aberto à conexão com a expressão autêntica da proposta de valor dos negócios que nos permitirá obter crescimento e impacto e fazer história ao navegar no desconhecido.

Porque, embora, em nível operacional, o negócio em que você atua possa estar relacionado a um setor completamente distinto da indústria criativa à qual eu pertenço, existe uma camada onde todas as empresas são muito parecidas: todas têm a mesma essência quando avaliamos os atributos de gestão.

É você trazer o melhor desempenho de seus liderados por meio das habilidades que cada um já tem na própria bagagem (o lado A do time), e também ser o líder capaz de desenvolver neles outras habilidades, reconhecendo a essência e os sonhos individuais (o seu lado B). Lembre-se de que em um álbum ou em um concerto de sucesso é igualmente relevante ter um repertório equilibrado de canções dos dois lados.

Satya Nadella, CEO da Microsoft, diz que para ser um CEO de sucesso "é preciso ter uma visão absolutamente de primeira classe do rumo que o mundo está tomando".[24] Complemento isso dizendo: uma visão clara de como sua organização vai se posicionar nesses movimentos do mundo e sobretudo como ela pode ser um lugar de influência nesse futuro.

---

[23] VENTURA, R. Dia do Disco: Deezer revela como está o lado-b na era do streaming. **POPline**, 20 abr. 2021. Disponível em: https://portalpopline.com.br/dia-do-disco-deezer-revela-como-esta-o-lado-b-na-era-do-streaming/. Acesso em: 10 ago. 2024.

[24] DEWAR, C. et al. Stepping Up: Becoming a High-potential CEO Candidate. **McKinsey & Company**, 6 mar. 2023. Disponível em: https://www.mckinsey.com/capabilities/strategy-and-corporate-finance/our-insights/stepping-up-becoming-a-high-potential-ceo-candidate. Acesso em: 10 ago. 2024.

No próximo capítulo, vamos nos aprofundar no que isso quer dizer, então, para encerrar a reflexão, gostaria de reforçar algo muito importante – tão importante que falo constantemente para meus filhos que, se tivessem que escolher um único conselho meu para guardarem pelo resto da vida, seria este: "O segredo da vida está no equilíbrio".

Sua atuação como líder deve ser sustentada por uma busca permanente pelo equilíbrio de forças que sempre se apresentarão para você como antagônicas ou até mesmo polarizadas. Para exercer esse lugar de liderança com excelência, você deverá aprender a combinar essas forças e equalizá-las em prol de um propósito maior.

Uma atitude só será corajosa pela existência de um medo a ser superado, da mesma maneira que alguém que não avalia os riscos será somente um inconsequente, e não um líder corajoso. Uma visão não se concretiza sem uma capacidade empreendedora, do mesmo modo que uma prisão de tarefas diárias não constrói nenhum futuro sem a existência de um sonho impulsionador por trás.

4

O QUE OS CEOS MAIS TEMEM: A BATALHA ENTRE O CURTO E O LONGO PRAZO

Ticking away the moments that make up a dull day
Marcando os momentos que compõem um dia monótono
Fritter and waste the hours in an offhand way (...)
Dispersando e desperdiçando as horas de forma
despreocupada (...)
Waiting for someone or something to show you the way (...)
Esperando alguém ou algo que mostre o caminho (...)
And then one day you find ten years have got behind you (...)
E então, um dia você descobre que dez anos ficaram
para trás (...)
Plans that either come to naught or half a page of
scribbled lines
Planos que acabam em nada ou em meia página de
linhas rabiscadas

Time[25]
Pink Floyd

---

[25] TIME. Intérprete: Pink Floyd. *In:* THE DARK Side of the Moon. Londres: Harvest Records, 1973.

> *"O planejamento não diz respeito a decisões futuras,*
> *mas às implicações futuras de decisões presentes."*
> **Peter Drucker**[26]

C. E. O.

C.E.O. MINDSET	CONECTAR	EQUILIBRAR	ORIENTAR

AMBIVALÊNCIA DA LIDERANÇA				
TEMPO	LONGO PRAZO ▶	AGORA ◀	CURTO PRAZO
ATUAÇÃO	PALCO ▶	COOPERAÇÃO ◀	BASTIDORES
MOTIVAÇÃO	SONHAR ▶	CORAGEM & ANTIGRAFILIDADE ◀	FAZER
DOMÍNIOS	VISÃO O QUÊ? COMO? QUEM? ▶	PROPÓSITO POR QUÊ? ◀	RAZÃO QUANDO? ONDE? QUANTO?

INDICADORES AMBIVALENTES (KPIS)	KEY PEOPLE INDICATORS ▶	KEY PURPOSE INDICATORS ◀	KEY PERFORMANCE INDICATORS

---

[16] DRUCKER, P. F. **Prática de administração de empresas**. Rio de Janeiro: Fundo de cultura, 1962. p. 131.

Antes de trabalhar na Osklen e construir minha carreira de CEO em empresas da indústria criativa, eu tive a oportunidade de trabalhar no mercado financeiro na área de gestão de fundos de investimento e depois na PwC, uma das maiores multinacionais de consultoria e auditoria do mundo. Anualmente, a PwC faz uma respeitada pesquisa com CEOs do mundo inteiro. Na 27ª edição, realizada em novembro de 2023, eles ouviram mais de 4.700 executivos de 105 países e territórios.[27] Uma das perguntas-chave da pesquisa foi: *se sua empresa continuar no mesmo caminho que trilha atualmente, por quanto tempo ela continuará economicamente viável?*

Como mostra a figura a seguir, 45% dos entrevistados acreditam que as empresas em que atuam correm o grande risco de se tornarem inviáveis em menos de dez anos – 6% a mais do que no ano anterior.

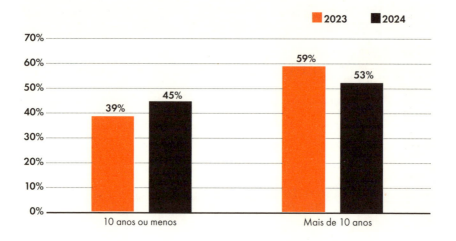

É um dado extremamente alarmante. Tanto a Osklen quanto a Rock World são empresas que iniciaram as atividades nos anos 1980. Enquanto

---

[27] 27ª CEO Survey – prosperando na era da reinvenção contínua. **PwC**, 16 jan. 2024. Disponível em: https://www.pwc.com.br/pt/estudos/preocupacoes-ceos/ceo-survey-2024.html. Acesso em: 13 ago. 2024.

escrevo este livro, ambas já atravessaram quatro décadas de existência. Só durante o período que estive à frente de cada uma delas foram ciclos maiores do que dez anos. Baseando-me nessas minhas experiências pessoais, o resultado dessa pesquisa me incomodou demais: como quase metade dos executivos não consegue enxergar um horizonte de maior perspectiva nos próprios negócios? Quis me aprofundar e entender melhor por que eles enxergavam esse precipício se aproximando.

Na pesquisa, os mesmos executivos responderam a outra questão: *quais fatores estão impedindo sua empresa de mudar a maneira de criar, entregar e capturar valor?* As respostas, tanto em nível global quanto no Brasil, colocam no topo dos desafios os itens *prioridades operacionais concorrentes, ambiente regulatório, falta de profissionais preparados nas equipes* e *recursos financeiros limitados.*

Sendo executivos ou empreendedores, normalmente temos pouco poder de influência sobre as questões regulatórias em nossos mercados de atuação. Nosso papel é muito mais garantir que elas sejam seguidas de maneira adequada. No entanto, me chama a atenção que a principal limitação das empresas aos olhos dos CEOs, antes mesmo da falta de recursos financeiros, sejam as *prioridades operacionais concorrentes.*

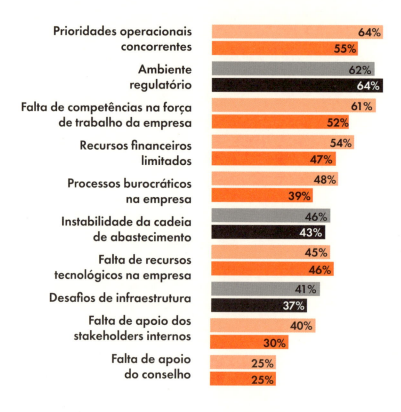

Traduzindo: as demandas do dia a dia estão matando o futuro dos negócios. Quantas vezes eu já ouvi isso da boca de executivos que lideram as maiores empresas do Brasil, pessoas com quem tenho o privilégio de me relacionar como executivo ou em minhas palestras em todo país. São executivos ou empreendedores sobrecarregados que se sentem em uma verdadeira sinuca de bico: sabem tudo o que precisa ser feito, mas são engolidos por urgências que os desviam da direção para a qual eles já sabem que precisam ir.

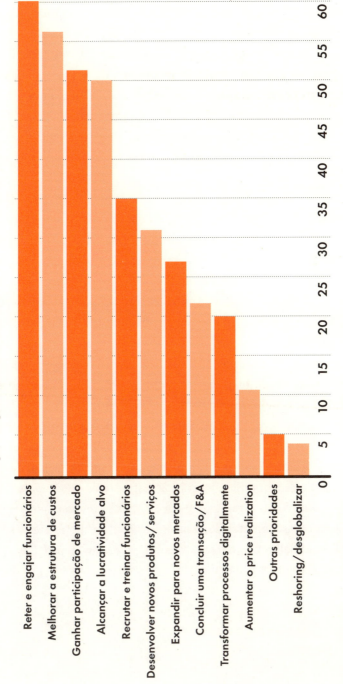

Principais prioridades dos CEOs em 2024

Fonte: CEO Confidence Index Jan. 2024, Chief Executive Group.

O que os CEOs mais temem **69**

Costumo dizer que liderar significa viver diariamente o desafio perpétuo do curto prazo. É o desafio de alinhar as ações de curto prazo com a visão de longo prazo, ou, de maneira mais prática, **fazer o que precisa ser feito hoje, sem perder de vista a necessidade de fazer diferente amanhã**. Este é o principal dilema que atravanca o futuro das organizações que vimos na pesquisa PwC: prioridades operacionais concorrentes. Se precisamos inovar, como criamos espaço para isso acontecer em meio à rotina que, por si só, já é extremamente complexa?

Pensar sobre curto prazo versus longo prazo, para mim, é só mais um exemplo das várias situações que demonstram a ambivalência necessária para os líderes em nosso atual contexto. São situações que são antagônicas e ao mesmo tempo complementares e que todo CEO ou líder deverá aprender a lidar e equilibrar ao longo da carreira. É como o símbolo do Yin-Yang: só podemos ter a noite porque existe o dia ou, mais filosoficamente, só podemos experimentar a sensação de alegria por antagonizá-la com uma conhecida sensação de tristeza, fazendo com que, mesmo em lados opostos, a coexistência seja fundamental. Portanto, **você só pode atingir uma visão de longo prazo se ela for construída por meio das ações de curto prazo**.

Não quero menosprezar esse desafio, de modo que pareça uma equação tão fácil de resolver, mas o fato é que o longo e o curto prazo são absolutamente necessários e complementares embora sejam de naturezas antagônicas. Um reflete a projeção estratégica de visão de futuro, e o outro é exatamente a tarefa que você precisa executar agora. Um líder tem o papel fundamental de estabelecer a todo momento essa ponte para que o trabalho não perca o sentido e o engajamento. É assim para os líderes, é assim para a equipe.

C.E.O. MINDSET APLICADO À AMBIVALÊNCIA DE TEMPO

Ambivalência da liderança	C. Conectar	E. Equilibrar	O. Orientar
Tempo Este é um elemento central na gestão de um líder. Tempo está relacionado a como construímos vantagem competitiva, como nos adaptamos às mudanças do contexto econômico e mercadológico, qual é o ciclo de vida de nossos produtos e serviços e o tempo de entrega dos resultados esperados pelos stakeholders. Quanto melhor os líderes conseguem articular cada passo no presente a partir de uma visão clara de um futuro desejado, mais forte se torna o senso de pertencimento e continuidade do negócio.	**Longo prazo** Aqui temos o território de um futuro desejado, que deve ser algo inspirador e diferente daquele esperado de um curso normal e automático das organizações que não sonham grande e simplesmente operam. É a visão que ilumina as necessidades estratégicas para o crescimento e a longevidade da empresa. A visão de longo prazo precisa ser compartilhada entre os líderes e os times para que todos conectem esse futuro com o que está sendo feito no presente da organização.	**Agora** Equilibrar o agora é fazer com que todas as atividades de hoje sejam percebidas e estejam contribuindo para as necessidades táticas e urgências de curto prazo, e que tais ações sejam também evidenciadas como degraus para a construção da visão de longo prazo. Um líder atua diariamente para que o curto prazo não nos faça perder de vista o objetivo maior da organização, mas também não inviabiliza essa visão por meio da miopia da necessidade das ações de curto prazo como ponte para esse futuro.	**Curto prazo** Assim como a visão de longo prazo influencia as prioridades do curto prazo, este também ajuda a liderança e a equipe a reconhecer se aquilo que se quer construir continua fazendo sentido a partir dos contextos que se apresentam. O curto prazo nos orienta para ganharmos eficiência, calibrarmos as metas e mitigarmos os riscos. O líder tem um papel muito importante como um orientador para que o time saiba como se posicionar no dia a dia.

"NO-SHOW": QUANDO A URGÊNCIA DO AGORA ATRAVESSA O PLANEJAMENTO?

Em 2017, já muitos anos depois do início de minha jornada como CEO, vivi na pele uma daquelas situações que nenhum organizador de eventos de grande porte quer enfrentar: uma das principais atrações do Rock in Rio cancelando o show na véspera da abertura de portas.

Na madrugada de 13 de setembro, um dia antes da apresentação, o agente de uma das principais atrações do Rock in Rio entrou em contato conosco para dizer que a artista mais esperada do dia inaugural daquela edição não poderia comparecer por motivos de saúde. Ninguém tinha culpa, não havia nada que pudéssemos fazer para mudar o que estava acontecendo e, embora totalmente compreensivos, sabíamos que tínhamos um baita problema nas mãos: a Lady Gaga não viria ao Rock in Rio.

Talvez você não tenha ideia, mas para conseguirmos anunciar as atrações do Rock in Rio de modo que a venda de ingressos aconteça cerca de seis meses antes do início do festival, já estamos em alguns casos há doze meses negociando com o artista para assegurar a participação dele no evento, ou seja, o planejamento de uma grande atenção às vezes começa um ano e meio antes da apresentação. Isso se deve em função das agendas absolutamente complexas desses artistas, com planejamentos logísticos de turnês ao redor do mundo e até mesmo levando em conta os períodos de reclusão para trabalho dedicado à gravação de novos álbuns ou até mesmo períodos sabáticos que podem afastá-los dos palcos por anos. Soma-se a essa complexidade de disponibilidade toda a curadoria conceitual de quais artistas fazem sentido naquele dia específico de festival. Dessa maneira, cada atração que sobe ao palco é fruto de um longo e árduo trabalho de planejamento c negociação para se concretizar.

Então, quando Lady Gaga – que não era apenas um ícone da música, mas também a artista com uma das maiores bases de fãs – nos notificou que não poderia comparecer a menos de 48 horas para abrirmos os portões, estávamos diante da exata ambivalência do tempo: o planejamento de longo prazo, que se concretizou na contratação daquela artista, desmoronou no curto prazo, com o cancelamento dela.

72   C.E.O. – Conectar, Equilibrar, Orientar

Com uma legião de fãs eufóricos pela apresentação e alguns deles já dormindo na porta da Cidade do Rock há dias para o tão esperado show, precisávamos decidir como resolver a situação antes mesmo que a notícia pudesse vazar para a mídia e a situação saísse ainda mais de nosso controle.

Como deve imaginar, as implicações em uma situação como essa se refletem em todas as áreas da empresa: ingressos, comunicação, vendas, patrocinadores, transmissão. Além disso, como é óbvio, ainda tínhamos que buscar em 24 horas outro artista de grande dimensão que pudesse reduzir a frustração de nossos clientes, o que envolveria, além de nossa área artística, todo o nosso time de logística e operações se tivéssemos sucesso na substituição.

Você também deve imaginar que um problema dessa escala, com toda complexidade e implicações características, causaria um pânico em toda a equipe. Afinal, estávamos diante de uma das piores adversidades que já havíamos enfrentado em um festival. Porém, ao contrário de desespero ou paralisia, a primeira coisa que eu lembro ao pensar naquele momento é a reunião que tivemos, ver o brilho nos olhos impulsionado pela coragem e pela antifragilidade de nosso time para encontrar a motivação necessária para agir imediatamente.

Ali, instantaneamente, surgiu em todos um sentimento que nos uniu: entendemos que era o momento de provarmos quem nós éramos. Entendemos que o evento que planejamos durante dois anos não aconteceria da maneira como imaginamos, mas que precisávamos de foco e presença absolutos para, em poucas horas, mostrar nossa capacidade de fazer acontecer. Ninguém individualmente seria capaz de resolver o problema, precisávamos de todos.

E assim começamos a orquestrar nossas ações e decisões imediatas de curtíssimo prazo, validando uns com os outros cada pequeno avanço que direcionava: ok, o que faremos agora?

Só para citar alguns eventos orquestrados em paralelo de maneira imediata, nós escrevemos cinco releases de imprensa para atender a qualquer cenário que poderia ocorrer nas próximas horas fora de nosso controle: se a informação vazasse antes do anúncio oficial, se tivéssemos que anunciar que Gaga não viria sem ter outra banda confirmada ou se já fôssemos anunciar o cancelamento com algum substituto. Precisávamos produzir centenas de cartazes com novas informações nas bilheterias avisando do cancelamento no dia seguinte, sem poder ainda dar informação sobre o conteúdo dos cartazes aos fornecedores, que deveriam virar a madrugada na produção. Enfim, eram dezenas de atividades coordenadas em paralelo que impactavam todas as áreas da empresa e que deveriam ser feitas às vésperas de 100 mil pessoas passarem por nossos portões.

No mesmo dia, conseguimos confirmar a substituição pela banda Maroon 5, que já estava na lista de artistas que se apresentariam em 2017. Conseguimos negociar uma segunda apresentação, mas com uma missão nada fácil. Foi uma verdadeira operação de guerra: tivemos duas ou três horas para arrumar um avião cargueiro que conseguisse levar todos os equipamentos do Maroon 5 de Curitiba para o Rio de Janeiro naquela mesma madrugada, pois era o local onde estavam realizando outra apresentação.

Talvez a coisa da qual eu mais me orgulhe daquela noite foi o fato de nossa equipe, mesmo no momento de maior medo, saber que não era apenas fazer o que precisava ser feito no curto prazo, ou seja, "encontrar uma banda para assumir o horário em que Lady Gaga se apresentaria". O propósito do Rock in Rio é proporcionar experiências inesquecíveis, e tínhamos uma grande responsabilidade com os fãs, que não assistiriam à artista por quem tanto esperaram. O time se mobilizou para fazer não apenas o que tecnicamente tínhamos que fazer no imediato, mas também o que moralmente precisava ser feito. Providenciamos ambulância, psicólogos e pessoas para dar assistência aos fãs da artista que já esperavam do lado de fora e receberiam com natural frustração aquela notícia. Esse é um exemplo claro de como a visão de longo prazo da relação que construímos com nosso público determina como temos que agir no curto prazo. Mesmo com todas as tarefas urgentes e necessárias para a abertura de portas, essa ação, que poderia ser vista como desnecessária diante das outras naquele momento de crise, era uma demonstração de que, para nosso time, a intempérie não planejada não poderia ser a desculpa para não pensarmos em nosso compromisso de longo prazo com a experiência de nossos fãs.

74   C.E.O. – Conectar, Equilibrar, Orientar

Quando essa ambivalência do tempo é vivida com intencionalidade nas organizações, conseguimos destravar uma alta capacidade de agilidade, inovação e responsividade. Porque, se a liderança consegue orientar o curto prazo conectando-o ao longo prazo, cria-se um alto nível de pertencimento no qual as pessoas sabem como as ações de hoje influenciam o futuro do negócio. E, como veremos no próximo capítulo, não existe liderança sem o engajamento das pessoas.

5

DO PALCO AOS BASTIDORES: A AMBIVALÊNCIA DE ATUAÇÃO DA LIDERANÇA

Living in the limelight
Vivendo sob os holofotes
The universal dream
O sonho universal
For those who wish to seem
Para aqueles que desejam parecer
Those who wish to be
Aqueles que desejam ser
Must put aside the alienation
Devem deixar de lado a alienação
Get on with the fascination
Continuar com a fascinação
The real relation
A relação real

Limelight[28]
Rush

---

[28] LIMELIGHT. Intérprete: Rush. *In*: MOVING Pictures. Toronto: Anthem Records, 1981

> *"Liderar não é estar no comando.*
> *É cuidar das pessoas que estão sob o seu comando."*
> **Simon Sinek**[29]

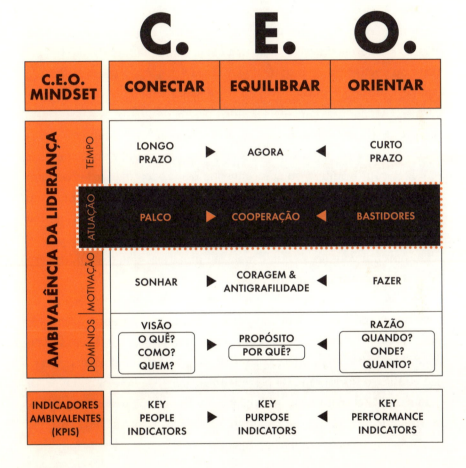

---

[29] TOZZI, E. "Coragem é o principal requisito para ser um bom líder", diz o autor britânico Simon Sinek. **VC S/A**, 17 dez. 2019. Disponível em: https://vocesa.abril.com.br/geral/coragem-e-o-principal-requisito-para-ser-um-bom-lider-diz-o-autor-britanico-simon-sinek. Acesso em: 13 ago. 2024.

LUZ NO PALCO, NA PLATEIA E NO BACKSTAGE

A essa altura você já deve ter compreendido que, em minha visão, o sucesso de um negócio é reflexo direto da evolução da própria liderança, que deve estar em uma busca contínua do equilíbrio das forças e competências antagônicas – algo a ser cultivado em nossa jornada permanente de autodesenvolvimento. Quanto melhor você souber identificá-las, melhor será sua capacidade de aplicá-las no desempenho de suas funções. Veja o meu exemplo: exercendo a função de CEO por mais de duas décadas, continuamente reforço para todo meu time (e para mim mesmo quando necessário) que meu cargo é só uma função, tão importante ou necessária quanto qualquer outra atribuída a outra pessoa da equipe. Contudo, é indiscutível que esse papel atrai parte dos holofotes para si. Fazendo uma analogia com os palcos de nossos festivais, você sempre terá um canhão de luz seguindo seus passos. Inúmeras vezes você precisará ser o porta-voz da empresa para a imprensa, conduzir reuniões com a equipe ou apresentar os resultados e desafios perante os acionistas apontando as direções estratégicas e personificando um resultado (positivo ou negativo) que, na verdade, é fruto de um enorme número de pessoas que estão ali representadas por você. Não tem como fugir. Aprendi com uma grande mentora uma frase que todo líder deve saber: **"A liderança é um ato público"**.

Aprendi também o quanto é fundamental conciliar toda essa exposição, consequente da função, com a responsabilidade de saber atuar quando se está longe dos holofotes. Os bastidores de qualquer negócio devem ser tão iluminados quanto o palco ou a plateia, para que os resultados sejam alcançados. Aliás, o Rock in Rio foi o primeiro concerto de música do mundo a iluminar a plateia para além da luz cênica que ilumina os artistas nos shows, mostrando que nem tudo de importante acontece exclusivamente em cima do palco, o que pode ser uma boa analogia para o assunto deste capítulo.

O MAESTRO DOS BASTIDORES

Para que você me acompanhe nesse raciocínio, pense em uma orquestra. O maestro desempenha um papel muito importante: precisa guiar os músicos para que entrem em harmonia e consigam se apresentar de maneira sincronizada e, principalmente, direciona a orquestra a respeito das próprias intenções. A partir dessa visão, o maestro mostra a necessidade de cada músico se adaptar individualmente para que o resultado coletivo daquela obra gere o impacto esperado para uma grande audiência. Todo esse trabalho de bastidores não é visto pelo grande público, mas é igualmente necessário para o sucesso de cada concerto.

Um maestro tem múltiplas responsabilidades para além daquele momento em que está no palco regendo uma orquestra. Não só do ponto de vista da direção artística, selecionando os temas, compondo novos arranjos, escrevendo partituras, mas também enquanto gestor, selecionando os melhores músicos, oferecendo feedbacks individuais das performances, representando a orquestra coletivamente em diversos contextos de decisão, além do trabalho administrativo e de planejamento dos recursos à disposição.

No momento da apresentação de uma orquestra, o resultado não é fruto da capacidade ou do talento do maestro, e sim **do que todos aqueles talentos reunidos são capazes de produzir juntos**. Perceba, o maestro ali não emite nenhum som, não toca nenhum instrumento. Inclusive, muitas vezes, aquela figura à frente da orquestra com a batuta na mão é meramente simbólica durante a apresentação, pois cada um dos músicos presentes já está conectado e com a cadência de um time coeso que foi anteriormente orientado, capacitado e desenvolvido pelo maestro longe dos olhos dos "clientes".

O líder, como um maestro dos bastidores, precisa saber direcionar e ajudar a equipe a trabalhar de maneira sincronizada e harmônica para que os talentos possam ser individual e coletivamente reconhecidos e apreciados pela audiência. Gosto de pensar às vezes na imagem hipotética de um maestro que decidisse em algumas apresentações estar no fundo do teatro, atrás de toda a plateia, com a batuta no bolso admirando a sinfonia como se fosse parte do público, apreciando a integração e autonomia dos músicos, mas que estivesse pronto para subir ao palco e empunhar a batuta para alinhar o ritmo se fosse necessário.

Em um grande festival, os shows e as experiências que o público pode vivenciar só existem graças a toda uma operação de bastidores extremamente complexa e coordenada cuja entrega deve ser tão perfeita quanto aquilo que acontece no palco. E assim também é em todas as organizações. A cada edição do Rock in Rio, são dois anos de planejamento e trabalho de milhares de pessoas (que chegam a somar cerca de 25 mil nos dias de evento) que precisam estar coordenadas e operando em altíssimo desempenho para que possamos proporcionar uma experiência inesquecível para os clientes naqueles poucos dias de festival.

Então, talvez você me pergunte: como é possível um líder controlar dezenas de milhares de pessoas ao mesmo tempo e garantir que todas estejam alinhadas e trabalhando para o mesmo objetivo, com a mesma responsabilidade e qualidade de entrega esperada?

A resposta é simples: é impossível achar que, como líder, você terá o controle sobre as atividades de milhares de colaboradores. É difícil inclusive pensar que você possa ter controle sobre uma única pessoa ou processo de sua empresa. **A solução para a construção de um time de alto desempenho e alinhado em torno de objetivos comuns é a construção de uma cultura de cooperação.**

Eu gosto muito de analisar a etimologia das palavras. Se você "dissecar" a palavra "cooperação" verá a soma de três conceitos: co-opera-ação. O segmento "co" da palavra é um prefixo que indica algo feito em conjunto, como em "copiloto" ou algo semelhante. Uma responsabilidade dividida. O segmento "opera" vem do latim *operatio* ou "trabalho", "empreitada". E "ação" por si só já é autoexplicativo: fazer ou empreender algo. Juntando as partes, **cooperação é o ato de empreender um trabalho em conjunto.** Uma cultura de cooperação indica que qualquer coisa que seja grandiosa o suficiente, de modo a ser impossível construí-la sozinha, só pode ser feita por meio de um empenho coletivo. E o papel do líder é justamente promover essa compreensão. É saber que todos nós precisamos estar nos holofotes e todos nós precisamos estar nos bastidores, pois o resultado de um show memorável vai da performance dos músicos da banda ovacionados pela plateia ao motorista que ninguém vê, mas foi o responsável por deslocar os artistas com segurança, no tempo certo do hotel até o evento, para que o show ocorresse sem nenhum imprevisto.

A construção de uma cultura de cooperação só pode ser feita por meio do estabelecimento de uma **liderança compartilhada.** Afinal, ao longo do caminho, queremos formar novos líderes para a organização, não seguidores. E os talentos que estão sob sua gestão têm expertises extremamente complementares às suas.

A PIRÂMIDE INVERTIDA

Essa visão de liderança compartilhada nem sempre é tão fácil de encontrar nas empresas. Isso porque, tradicionalmente, as organizações se estruturaram como uma pirâmide, em modelos hierarquizados de comando e de controle, com a liderança mais afastada no topo da equipe responsável pela entrega e relação com o cliente. Essas estruturas são inspiradas em organizações militares, nas quais os generais no topo ficavam afastados dos soldados, que tinham que estar fisicamente arriscando a vida no campo de batalha na luta contra os inimigos.

No entanto, no novo paradigma, o papel do presidente ou CEO é muito mais voltado a servir melhor a diretoria, que serve melhor os gerentes, que, por sua vez, apoiam quem está na linha de frente, lidando diretamente com os clientes. Já existe até uma nova nomenclatura, que acho muito interessante, que ressignifica a sigla CO: ela sugere que, além de Chief Executive Officer, os líderes de uma empresa deveriam atuar como um Chief Enabling Officer – em tradução literal, um chefe de viabilização. Assim, o papel é criar condições e recursos e desbloquear barreiras, para que os demais talentos da empresa possam exercer o trabalho deles em plenitude, permitindo, então, que a empresa prospere a partir do protagonismo coletivo da equipe na construção dos resultados.

James Hunter, autor de *O monge e o executivo*, apresentou essa visão do líder servidor de maneira muito interessante, em uma pirâmide invertida, como você vê na figura a seguir.

Modelo de liderança[30]

Na visão de Hunter, esse é o modelo da liderança a serviço, que ele define como "a habilidade de influenciar pessoas para trabalharem entusiasticamente na busca dos objetivos identificados como sendo para o bem comum". Ele defende que a liderança duradoura é baseada em autoridade, algo que se conquista ao servir aos outros e ao sacrificar-se por eles. Significa dizer que os líderes servidores realmente se importam com as pessoas que são impactadas pelas ações e decisões deles mesmos e que, antes de pensar em si, pensam nas necessidades legítimas daqueles pelos quais são responsáveis. O conceito de sacrifício aqui colocado não tem a ver com sofrimento ou autopenalização, e sim com o esforço necessário para servir de maneira íntegra e consistente.

Para alcançar esses níveis superiores da pirâmide de Hunter, precisamos fundamentar nosso poder de influência a partir da **vontade** e do **amor**. No que tange à vontade, esta só é efetiva quando há *intenção e ação*. Isso porque precisamos dessa combinação para que nossas ações sejam coerentes com aquilo que defendemos e almejamos. Essa vontade é fundamentada no amor, que na visão do autor não é o sentimento, e sim o comportamento,

---

[30] HUNTER, J. C. **O monge e o executivo**: uma história sobre a essência da liderança. Edição do Kindle. Rio de Janeiro: Sextante, 1989.

a maneira como agimos a favor das pessoas para os objetivos que levam ao bem comum, o modo como respeitamos, prestamos atenção às pessoas e criamos um ambiente seguro para elas. Por essa razão, ele coloca o amor como um dos atributos do líder, algo que, em primeira instância, nos soa estranho, pois equivocadamente parece não se falar muito sobre amor em um contexto corporativo.

Quando agimos de maneira convergente com nossas intenções, há comprometimento pelas pessoas (amor) e a dedicação do serviço e do sacrifício para que elas cresçam. Tudo isso **constrói autoridade**, e é a partir dela que passamos a ser reconhecidos como verdadeiros líderes. Precisamos disso para sermos bem-sucedidos na implementação do modelo de liderança compartilhada. Porque, se não houver esse vínculo entre a liderança e o time, será muito difícil estabelecer uma cultura genuína de cooperação.

OS GANSOS CANADENSES

A natureza nos oferece inúmeras lições valiosas, basta que estejamos atentos para observar os diversos aprendizados por meio dos diferentes fenômenos. Uma delas é o voo dos gansos canadenses em formação em "V". Esse comportamento, além de ser um espetáculo visual impressionante, revela uma profunda sabedoria sobre trabalho em equipe e liderança compartilhada.

Os gansos do Canadá (*Branta canadensis*) são conhecidos pelas longas migrações, que podem cobrir milhares de quilômetros, indo desde as áreas de reprodução no Canadá e no norte dos Estados Unidos até as áreas de invernada, no sul dos Estados Unidos e no México. Quando observamos uma formação de gansos migrando, notamos que eles adotam uma estrutura em "V", na qual um ganso lidera na ponta, cortando o vento e reduzindo a resistência do ar para os gansos que seguem atrás. Esse arranjo permite que o grupo economize energia, já que o esforço do ganso líder facilita o voo dos demais. Um estudo realizado na França identificou uma economia de 14% de energia em um grupo de aves voando nessa formação em comparação ao nível de batimentos cardíacos quando estavam parados em terra.[31]

Contudo, o aspecto mais notável dessa formação é que a liderança não é fixa. Os gansos se revezam na posição de líder, permitindo que o pássaro da frente descanse enquanto outro assume a liderança. Em vez de depender de um único líder que deve carregar o peso do grupo indefinidamente, os gansos distribuem a responsabilidade, garantindo que todos contribuam e se beneficiem da cooperação mútua. Essa dinâmica fortalece o grupo, tornando-o mais resiliente e eficiente.

Nas organizações, a prática da liderança compartilhada pode trazer benefícios semelhantes. Quando a liderança é distribuída entre diferentes membros da equipe, cada indivíduo tem a oportunidade de assumir responsabilidades, desenvolver habilidades e contribuir com perspectivas únicas. Isso não apenas alivia a pressão sobre um único líder como também cria um ambiente de colaboração e inovação.

Assim como os gansos migratórios que confiam uns nos outros para completar a jornada, os membros de uma equipe que praticam a liderança compartilhada confiam e apoiam-se mutuamente para alcançar os objetivos comuns.

Além disso, gosto dessa inspiração dos gansos canadenses, mostrando a liderança como uma oportunidade situacional, porque podemos usá-la como exemplo da transitoriedade entre palco e bastidor, dianteira e apoio do grupo, pela qual os líderes devem passar e para a qual devem preparar os liderados. A liderança situacional permite que os líderes sejam flexíveis o suficiente para alternar entre motivar a equipe com uma visão clara (palco) e garantir que as estruturas e os processos estejam otimizados (bastidores).

---

[31] REDAÇÃO MUNDO ESTRANHO. Por que os pássaros, ao voar em bando, formam um V? **Superinteressante**, 22 fev. 2024. Disponível em: https://super.abril.com.br/mundo-estranho/por-que-os-passaros-ao-voar-em-bando-formam-um-v. Acesso em: 13 ago. 2024.

C.E.O. MINDSET APLICADO À AMBIVALÊNCIADA ATUAÇÃO

Ambivalência da liderança	C. Conectar	E. Equilibrar	O. Orientar
Atuação	**Palco**	**Cooperação**	**Bastidores**
A atuação do líder se divide entre orquestrar o palco e os bastidores da organização. O palco representa a face pública do líder, inspirando e guiando a equipe. Os bastidores representam o papel estratégico dele, assegurando que processos e operações estejam alinhados para suportar a performance e a entrega final.	Quando está no palco, o líder é responsável por representar todos os interesses da empresa e da equipe. É papel dele apontar a visão, comunicar a direção, inspirar e ser o exemplo da cultura do negócio. Outra atribuição é ser um promotor de boas relações e parcerias que possam colaborar para a visão de futuro que estão perseguindo.	Quando há cooperação, encontramos o caminho para a excelência da atuação de uma liderança sinérgica no palco e nos bastidores. O equilíbrio de um líder que atua assumindo a liderança e o protagonismo necessário para criar direção, além dos elementos necessários para que todo o time atue como líderes, gera um ambiente de cooperação.	Já nos bastidores, o líder é quem tem o papel de viabilizador da atuação da própria equipe. Para além da atuação visionária, nos bastidores ele deve ter uma atuação de suporte à equipe. É preciso, portanto, saber quais são os recursos necessários e como ele pode atuar como um facilitador para que o time assuma o protagonismo da atuação e da liderança nas atividades.

OS PREFEITOS DO ROCK

Pensando em como poderia estimular o senso de liderança e cooperação em toda nossa equipe, em especial naqueles que ainda não têm funções designadas de liderança em que formalmente precisam exercer o próprio lugar de responsabilidade sobre os demais, criamos uma maneira de gerar essa possibilidade para qualquer pessoa do escritório, independentemente do cargo que ocupe atualmente.

Há alguns anos, começamos um projeto na Rock World chamado "Prefeito do Rock". Funciona assim: todo mês, no escritório, fazemos uma eleição para escolher quem será o Prefeito do Rock daquele período entre todas as pessoas que se candidatam no escritório. O eleito recebe uma verba pré-estabelecida e tem autonomia para decidir como utilizá-la, desde que a proposta seja implementada com foco no bem comum. É uma vivência que permite a todos exercerem a liderança situacional com resultados reais.

Já tivemos várias iniciativas interessantes. Por exemplo, o Ezequias, que era o copeiro na época, notou que havia um grande desperdício de copos plásticos nos cafezinhos e usou o dinheiro para comprar xícaras reutilizáveis, personalizadas com o nome de cada funcionário, e junto delas uma mensagem indicando a necessidade de buscarmos caminhos mais sustentáveis de consumir o café de cada dia.

Outra pessoa da equipe decidiu criar uma área de descompressão e transformou uma sala que não estava sendo usada em uma área de relaxamento, colocando videogames, almofadas, som ambiente.

É algo que funciona muito bem, gerando orgulho e empoderamento, com direito até a um ritual de entrega da faixa ao novo Prefeito do Rock. O ponto-chave é ver como essa pequena iniciativa estimula o senso de autorresponsabilidade em pessoas que talvez ainda não tenham experiência em gestão de orçamento, além de permitir que os colaboradores vivenciem o que é ser um líder, tomando decisões que precisam atender ao senso comum e priorizando ações com os recursos disponíveis. Quem antes só conhecia o bastidor tem a oportunidade de viver o palco da liderança. Eu, como CEO, também aprendo muito com os projetos que são implementados. Muitas vezes, os Prefeitos do Rock me fazem enxergar situações que até então não estavam em meu radar.

E aqui eu vejo de maneira muito prática como mostrar ao time o verdadeiro significado dessa visão de responsabilidade compartilhada e cooperação: os Prefeitos do Rock precisam refletir sobre a proposta de valor do projeto que estão executando, o que esse projeto visa comunicar e como será recebido pelo time e pelos stakeholders; além disso, mostra como podem exercer influência para implementar medidas que sejam benéficas e duradouras, além de estimular a equipe a observar as oportunidades ao redor.

Essa prática reforça nossa cultura e tangibiliza o que significa a prática de sonhar e fazer acontecer.

6

OS DOMÍNIOS DA LIDERANÇA: COMO AS PERGUNTAS CERTAS IMPULSIONAM AS ORGANIZAÇÕES

Are we human?
Somos humanos?
Or are we dancer?
Ou somos dançarinos?
My sign is vital
Meu sinal é vital
My hands are cold
Minhas mãos estão geladas
And I'm on my knees
E eu estou de joelhos
Looking for the answer
Procurando a resposta

Human[32]
The Killers

---

[32] HUMAN. Intérprete: The Killers. *In*: DAY & Age. Nova Iorque: Island Records, 2008.

> *"Todos nós ansiamos por melhores respostas.*
> *Mas, primeiro, é preciso aprender a fazer as perguntas certas."*
> **Warren Berger[33]**

C. E. O.

C.E.O. MINDSET	CONECTAR	EQUILIBRAR	ORIENTAR
AMBIVALÊNCIA DA LIDERANÇA — TEMPO	LONGO PRAZO ▶	AGORA ◀	CURTO PRAZO
ATUAÇÃO	PALCO ▶	COOPERAÇÃO ◀	BASTIDORES
MOTIVAÇÃO	SONHAR ▶	CORAGEM & ANTIGRAFILIDADE ◀	FAZER
DOMÍNIOS	VISÃO O QUÊ? COMO? QUEM? ▶	PROPÓSITO POR QUÊ? ◀	RAZÃO QUANDO? ONDE? QUANTO?
INDICADORES AMBIVALENTES (KPIS)	KEY PEOPLE INDICATORS ▶	KEY PURPOSE INDICATORS ◀	KEY PERFORMANCE INDICATORS

---

[33] BERGER, W. **Uma pergunta mais bonita**. Edição do Kindle. São Paulo: Goya, 2019. p. 17.

Há uma frase comumente atribuída ao multitalentoso escritor e humorista Luis Fernando Verissimo que diz: "Quando a gente acha que tem todas as respostas, vem a vida e muda todas as perguntas". Embora não possamos ter certeza de que ele seja o autor da frase, fato é que a vida de um líder é repleta de questionamentos acerca da própria atuação e dos melhores caminhos para a organização. Não é à toa que esse último território da ambivalência, ao qual os líderes dedicam a maior parte do tempo, seja construído a partir de várias perguntas.

Neste bloco, que eu denomino "os domínios da liderança", navegaremos juntos pelas perguntas que devem ser feitas diariamente por aqueles que assumem a responsabilidade da liderança. Afinal, o bom líder não é aquele que tem todas as respostas, e sim aquele que faz boas perguntas. Em especial, aquele que *se* faz boas perguntas.

Com base nisso, desenvolvi uma representação desses domínios, partindo daquelas perguntas básicas que aprendemos na infância e que nos ajudam a ter compreensão acerca de qualquer coisa: *por quê? o quê? como? quem? quando? onde? quanto?*.

Nessa ambivalência, teremos o alinhamento entre o líder visionário e o líder gestor. É visionário quando está no campo da visão estratégica, e gestor quando precisa entrar no campo mais duro da análise de recursos e do plano tático. Como equilibrar essas duas responsabilidades? Acredito que a convergência, a coluna do meio de todas as ambivalências de nosso framework, se dá por meio da primeira pergunta, que é o propósito: *por quê?*

Os domínios aqui representam o pano de fundo para que os planos estratégicos das empresas não falhem. Um artigo de 2021 da Gallup diz que os principais motivos que fazem a visão não se materializar no processo de execução são:[34]

- Falta de clareza sobre o propósito organizacional;
- Processos falhos para tomada de decisão;

---

[34] RATANJEE, V. Leaders: Bring Your Strategy Back Into Focus. **Gallup**, 6 out. 2021. Disponível em: https://www.gallup.com/workplace/354944/leaders-bring-strategy-back-focus.aspx. Acesso em: 13 ago. 2024.

- Falta de direcionamento;
- Falta de comunicação.

Ainda segundo o mesmo artigo, esses fatores fazem com que as pessoas na organização percam a confiança e deixem inclusive de acreditar na visão que a liderança se propõe a defender. Quando o propósito não está claro, a estratégia se torna fragmentada.

Como já adiantei anteriormente, os domínios representam a visão de futuro, a visão estratégica, contraproposta pela visão tática. Para alcançarmos a convergência, buscamos o equilíbrio a partir do propósito.

Eu sempre flertei com a arte e a criatividade (a música sendo meu principal canal) ao mesmo tempo que carreguei o lado engenheiro, com olhar intenso para os aspectos técnicos da gestão para dissecar os problemas. Então, o propósito sempre se manifestou para mim como a maneira de conciliar esses dois universos para que eu pudesse continuar me desenvolvendo como líder. Dessa forma, como verá a seguir, um líder precisa navegar nos três domínios de liderança de nosso framework (o domínio da visão, o domínio da razão e o domínio convergente do propósito) e para isso precisa estar permanentemente se questionando e ao próprio time acerca do conjunto de perguntas básicas atreladas a esses domínios.

OS DOMÍNIOS DA LIDERANÇA
DOMÍNIO DO PROPÓSITO: MOTIVO MAIOR PARA O NEGÓCIO EXISTIR

O domínio do propósito é, ao mesmo tempo, o ponto de partida de tudo e o ponto permanente de convergência entre a ambivalência da visão e da razão. Por meio dele, o líder traz alinhamento de valores e deixa claro como a relação entre o propósito do negócio e os propósitos individuais se complementam.

Esse domínio é regido por uma única pergunta básica:

Por quê? Qual é o propósito motivador da existência de nosso negócio e como podemos comunicá-lo para engajar pessoas que também se conectem com essa razão maior da empresa?

DOMÍNIO DA VISÃO:COMPONENTES EMOCIONAIS DA LIDERANÇA

No domínio da visão, o líder atua como um guardião. A partir de um futuro desejável orientado pelo propósito, estabelece o que deve ser perseguido e quais valores e comportamentos são inegociáveis para alcançá-lo. Em especial também ajuda a identificar quais são as pessoas que compartilham desses valores e como motivá-las na construção desse futuro compartilhado.

Esse domínio é regido por três componentes e perguntas básicas:

O quê? Qual é a proposta de valor por trás de nossos produtos e serviços que contribuem para resolver problemas de nossos clientes?

Como? Qual é a cultura de nossa empresa que conjuga os valores comuns de todos os nossos colaboradores e que indicam os princípios inegociáveis da maneira como desenvolvemos nossas atividades?

Quem? Quais são as pessoas (internas e externas à empresa) alinhadas a nossos valores e que têm competências e talentos necessários para a realização de nossas atividades com excelência?

DOMÍNIO DA RAZÃO:COMPONENTES PRAGMÁTICOS DA LIDERANÇA

No domínio da razão, o líder age como um catalisador da realização. a partir de uma direção estratégica bem definida para a qual a organização deve seguir. Ele compartilha com os liderados as intenções por trás de cada projeto ou iniciativa para a pavimentação do caminho concreto que precisa ser construído para o alcance da visão.

Temos, portanto, três componentes associados às seguintes perguntas fundamentais:

Quando? Quais são os prazos estabelecidos e a estratégia desenhada para se atingir o futuro desejável?

Onde? Quais são os territórios de atuação de nossa organização e como promovemos inovação para nos fazermos presentes nos novos territórios determinados em nossa visão de futuro?

Quanto? Quais e quantos são os recursos necessários que deverão ser aportados para o alcance dos objetivos finais?

C.E.O. MINDSET APLICADO À AMBIVALÊNCIA DOS DOMÍNIOS

Ambivalência da liderança	C. Conectar	E. Equilibrar	O. Orientar
Domínios O pano de fundo para que os planos estratégicos das empresas não falhem. Representam o papel inspirador e pragmático do qual a liderança deve ser defensora.	**Visão** 2. PROPOSTA DE VALOR (O quê?) Reflete o que estamos entregando para o mercado e para as pessoas. 3. CULTURA (Como?) Determina como agimos e a partir de quais valores inegociáveis. 4. PESSOAS + COMPETÊNCIAS E TALENTOS (Quem?) Aponta quais são as pessoas, bem como as habilidades necessárias para realizar o que desejamos.	**Propósito** 1. PROPÓSITO (Por quê?) É o propósito maior de uma organização, que vai além dos resultados financeiros. Deve estar alinhado aos valores do líder e dos liderados dele. Ele será o balizador entre os domínios da visão e da razão, pois é um farol que aponta qual deve ser a visão do futuro e um pilar de sustentação para as adversidades da realização no território da razão.	**Razão** 5. ESTRATÉGIA (Quando?) Orienta os tempos e movimentos necessários e qual abordagem será usada para o alcance da visão. 6. INOVAÇÃO (Onde?) Indica os territórios que deverão ser foco e as novas abordagens para nossos esforços. 7 RECURSOS (Quanto?) Indicam e mensuram quais e quantos recursos (financeiros, materiais, tecnologias etc.), ou seja, quais são os grandes números que suportam a tomada das decisões.

A expansão de negócios de uma empresa é uma das grandes responsabilidades de um CEO. A questão é que a pressão pelo crescimento pode muitas vezes levar a resultados opostos ao esperado, ocasionando a diminuição ou até mesmo uma completa destruição de valor. Isso costuma acontecer devido à ausência de aprofundamento nas perguntas fundamentais dos domínios da liderança.

Qual é a motivação genuína por trás daquele desejo de expansão? Se é exclusivamente a ampliação da lucratividade do negócio (sem nenhum demérito nisso), ela pode levar a uma decisão imediata, por exemplo, de uma política de redução de custos associada ao uso de matérias-primas mais baratas, foco exclusivo em linhas de produtos de maior margem etc., decisões que, se feitas de maneira isolada, podem estar sacrificando no longo prazo a perpetuidade do negócio, se não observados os efeitos mais alargados da decisão.

Decisões atreladas a propósitos de longo prazo geralmente vêm acompanhadas de perguntas que orientam para objetivos de maior geração de impacto. Essas decisões não visam exclusivamente a resultados financeiros de curto prazo. Em vez disso, auxiliam na construção de planos estratégicos e táticos mais alinhados com um futuro mais promissor da organização, enxergando a contribuição perene da empresa na sociedade.

A cada decisão que nos levou a expandir nosso negócio na Rock World havia mais do que o desejo de ampliar o faturamento. Quando adicionamos um novo país a nosso portfólio de eventos, como o Rock in Rio em Lisboa, não se pensava exclusivamente em ampliar o lucro. Ao criar um novo conceito de festival, como o The Town, também tínhamos outros objetivos em mente. Até mesmo na decisão de entrarmos no território da educação com novos produtos, como o Rock in Rio Academy, não há um foco de ampliação de resultado no curto prazo para nossos acionistas. É claro que o resultado financeiro é um objetivo e componente fundamental de nosso negócio, mas ele é somente um dos indicadores relevantes de nosso sucesso. Para cada uma dessas novas frentes de negócio, nos fizemos todas as perguntas mencionadas antes, sendo a primeira delas o porquê. Esse festival em um novo país irá ampliar nossas possibilidades de demonstrar nossa capacidade de geração de impacto para além de nossas fronteiras? Então faz sentido. Esse novo conceito de festival em outra grande metrópole do país nos traz a possibilidade de ganhar uma maior escala e estruturação da empresa para ampliar a capacidade de geração de empregos e atuações em novos projetos sociais? Então faz sentido. Fazer um produto na área de educação usando nosso conhecimento e experiência pode influenciar outras indústrias quanto à possibilidade de sonhar grande e fazer acontecer e, a partir disso, contribuir para o desenvolvimento de nosso país? Então vamos fazer!

E na sequência de identificar os "porquês" seguimos com cada pergunta dos territórios da visão e da razão para nos guiar pelo caminho da construção de um futuro orientado por um propósito original. Sem dúvida essa fórmula reduz drasticamente as chances de não ter uma equipe absolutamente engajada para a realização desse propósito e consequentemente aumenta a chance de expandir os negócios da empresa.

A reflexão sobre cada uma das sete perguntas do domínio da liderança é algo que acredito ser um fator determinante para o sucesso de um líder e merece um aprofundamento. Por isso, nos próximos capítulos, vamos mergulhar em cada uma dessas questões.

7

PORQUÊ OU PROPÓSITO: O GPS DOS LÍDERES E A FORÇA MOTRIZ DAS ORGANIZAÇÕES DE SUCESSO

Gotta do what you can just to keep your love alive
Você precisa fazer o que pode para manter seu amor vivo
Trying not to confuse it with what you do to survive
Tentando não o confundir com o que você faz para sobreviver

Running on Empty[35]
Jackson Browne

---

[35] RUNNING on Empty. Intérprete: Jackson Browne. *In:* RUNNING On Empty. Los Angeles: Asylum Records, 1977.

"Podemos esperar que propósito, mais do que lucro, crescimento ou participação de mercado, será a diretriz da tomada de decisão organizacional."

Frederic Laloux[36]

C. E. O.

C.E.O. MINDSET		CONECTAR	EQUILIBRAR	ORIENTAR
AMBIVALÊNCIA DA LIDERANÇA	TEMPO	LONGO PRAZO ▶	AGORA ◀	CURTO PRAZO
	ATUAÇÃO	PALCO ▶	COOPERAÇÃO ◀	BASTIDORES
	MOTIVAÇÃO	SONHAR ▶	CORAGEM & ANTIGRAFILIDADE ◀	FAZER
	DOMÍNIOS	VISÃO O QUÊ? COMO? QUEM? ▶	PROPÓSITO POR QUÊ? ◀	RAZÃO QUANDO? ONDE? QUANTO?
INDICADORES AMBIVALENTES (KPIS)		KEY PEOPLE INDICATORS ▶	KEY PURPOSE INDICATORS ◀	KEY PERFORMANCE INDICATORS

---

[36] LALOUX, F. **Reinventando as organizações**: um guia para criar organizações inspiradas no próximo estágio da consciência humana. Edição do Kindle. Belo Horizonte: Voo, 2017. p. 110.

Agora que você já compreende os diferentes domínios da liderança e as sete perguntas que todo líder deve se fazer permanentemente, vamos aprofundar a pergunta original, aquela que talvez seja a mais filosófica e, por isso, sobre ela recai o peso de ser a fundação sobre a qual deve ser construída toda organização de sucesso. Mais do que isso, em minha opinião é a pergunta norteadora não só para o sucesso das organizações, mas de qualquer profissional que busque uma carreira de destaque, em uma posição de liderança ou não.

O autor Simon Sinek, que já citei por aqui, afirma exatamente o que sugiro como a primeira pergunta a ser feita nos domínios da liderança: comece pelo porquê.

O porquê é o ponto de equilíbrio entre os domínios da visão e da razão. Serve de guia para a tomada de decisões complexas quando o líder é colocado diante de situações em que os outros dois domínios apresentem posições aparentemente antagônicas. Utilizando a analogia do comandante da embarcação, o propósito serve como o GPS que nos aponta a direção correta quando ocasionalmente um nevoeiro toma conta do campo visual de nossa cabine de comando. Como em qualquer navegação por aparelhos, requer uma confiança absoluta nas informações nele pré-configuradas, já que as outras informações (em nosso caso, os domínios da visão e da razão) podem estar temporariamente inoperantes ou apresentando informações desencontradas.

Quando o propósito é bem definido, ele se torna um compasso moral e estratégico, especialmente para os momentos desafiadores. Quando você está em uma situação em que há grandes riscos a serem considerados, o que determinará sua ação será responder: *qual caminho me aproxima do propósito da organização?*

E eu devo dizer que é preciso ter muito cuidado com o termo "propósito", uma vez que nos últimos anos ele se tornou extremamente popular e, por muitas vezes, banalizado no mercado corporativo, que o utiliza sem compreender verdadeiramente o significado. O dicionário define a palavra "propósito" como a "intenção (de fazer algo); aquilo que se busca alcançar; objetivo, finalidade, intuito".[37] Propósito, portanto, não é uma mensagem

---

[37] Segundo o dicionário Oxford Languages.

bonita ou um slogan corporativo motivacional, e sim a razão que dá sentido à existência de uma organização. Toda organização, quando é criada, reúne pessoas para que, por meio de algumas atividades, possam viabilizar a realização desse objetivo. Muitas vezes isso não é bem definido ou comunicado, ou até mesmo é perdido no meio do caminho, e nosso foco passa a ser exclusivamente a realização dessas atividades, esquecendo o objetivo fundamental.

A atribuição dos líderes é, antes de tudo, identificar, lapidar e ser o guardião da clareza e da existência permanente desse propósito como norte da organização. É cuidar para que ele nunca saia do palco. O propósito vivo e genuíno na organização deve ser o principal foco de atenção, o verdadeiro rockstar.

Aquilo que fazemos, seja um grande festival ou a venda de produtos em um pequeno armazém, traz impacto não só para os clientes, mas também para as pessoas que fazem parte da organização, para os clientes deles, fornecedores e para a região em que essa empresa está inserida... Esse impacto reflete o propósito. O grande porquê da companhia é algo muito maior do que somente o desempenho financeiro medido pelo lucro ou faturamento, pois sempre há algo maior do que os produtos e serviços oferecidos que tornam o negócio mais ou menos relevante para a sociedade.

Não defendo a apologia de que o propósito de uma empresa deve ser antagônico a uma boa gestão financeira de recursos, projeções de crescimento e geração de resultados para os acionistas, mas esse é somente um dos vários stakeholders com os quais a empresa se relaciona e não deve ser o foco exclusivo da existência dela. Um objetivo genuíno de maior impacto é, além de tudo, uma excelente estratégia de negócios. Ela atrai os melhores talentos, afinal quem não quer poder trabalhar com algo que gere um legado positivo na sociedade? Empresas com propósito relevante vendem mais. Quem não quer comprar algo que traga um valor positivo para si e para os outros?

O QUE VOCÊ ESTÁ CONSTRUINDO?

Há uma historinha popular que diz que, certa vez, dois pedreiros estavam trabalhando em uma construção. Uma pessoa passou por ali e resolveu questionar o que eles estavam construindo. O primeiro pedreiro, focado na realização da tarefa, respondeu rapidamente: "Estou fazendo uma parede". O segundo pedreiro, com um olhar mais amplo, responde de maneira mais contemplativa: "Estou construindo uma catedral". É uma história boba, mas que demonstra a diferença de percepção que o propósito traz às pessoas: a compreensão de por que essas ações são tão importantes e como elas se conectam com um objetivo maior. Enxergar sentido no que estão realizando agora, no curto prazo, e como esse trabalho está a serviço de uma visão maior de longo prazo.

Como profissional, independentemente da posição que ocupa na organização, saber para onde seu esforço e empenho estão levando a empresa, bem como seu impacto na sociedade, faz toda a diferença, inclusive para definir seu nível de engajamento e motivação na realização daquela atividade. É como quando vemos uma criança que, ao receber alguma orientação de adulto, pergunta: "Por quê? Por que eu preciso fazer isso? Por que eu preciso aprender isso?". No fundo, nós continuamos sendo essas crianças questionadoras que precisam de uma justificativa coerente e que respeite nossos pontos de vista a fim de termos motivação para nos dedicarmos a algo que não seja exclusivamente porque nos foi pedido ou mandado.

E aqui eu volto a pergunta para você (que está agora com sua espátula e tijolos na mão): *você sabe o que está construindo?*

TODOS PRECISAM (VI)VER O MESMO SONHO

Na Rock World, todos sabemos o que estamos construindo. A cada festival ou novo produto e serviço, o que nos une é o objetivo de proporcionar experiências inesquecíveis para todos os nossos públicos e, por meio dessas experiências, construir um mundo melhor e mais humano. Absolutamente tudo precisa convergir para esse resultado. Cada ideia, projeto e objetivo deve nos aproximar desse grande propósito de proporcionar experiências inesquecíveis e construir um mundo melhor e mais humano. Dos materiais que usamos na execução dos festivais à maneira como estabelecemos nossas parcerias e até como avançamos em novas frentes de negócio, como educação, jogos e tecnologia: na última linha da análise, precisamos colocar o propósito como um fundamento para perceber se todo aquele esforço faz sentido ou não para a organização.

C.E.O.

EMPRESAS COM PROPÓSITO RELEVANTE VENDEM MAIS. QUEM NÃO QUER COMPRAR ALGO QUE TRAGA UM VALOR POSITIVO PARA SI E PARA OS OUTROS?

@LUIS_JUSTO

C.E.O.

Estou trazendo isso porque, se o propósito não se torna concreto para as pessoas, materializado, ele se perde. Se torna apenas um discurso em vez de algo que de fato direciona a empresa a partir de uma posição estratégica. E o propósito não pode ser algo que apenas algumas pessoas conhecem; tem que ser uma convicção pública, uma bandeira que traz pertencimento entre as pessoas. **O propósito não é teórico, o propósito é prática**.

Sempre que abrimos as portas de um novo festival, existe um ritual obrigatório para toda nossa equipe. Depois de meses (às vezes anos) de dedicação do time, que vive mergulhado em milhares de atividades que precisam convergir para aquele momento em que o portão será aberto pela primeira vez, é muito fácil que esse volume de trabalho intenso e a alta responsabilidade para os dias de festival que ainda estão por vir nos ceguem para o real motivo pelo qual estamos desenvolvendo todo aquele trabalho. Por isso definimos que no primeiro dia de festival todos devem estar na frente dos portões para uma salva de palmas durante a abertura e a chegada do público. Todos. Para que todos da equipe, independentemente de função, atividade, nível hierárquico ou tempo de empresa, vejam o sorriso de cada pessoa que entra correndo pelas roletas, cada pai que entra carregando o filho no pescoço ou cada pessoa que beija o chão do gramado que cuidamos tanto para que eles pudessem ali pisar. Esse é um ritual inegociável que sempre nos reaproxima, fisicamente, de nosso propósito. Ali conseguimos sentir se de fato estamos ou não proporcionando um momento inesquecível para aquelas pessoas.

Os aplausos são para o público e, principalmente, para quem tornou aquele festival possível, para quem ajudou a tornar o sonho de alguém realidade. Ao ver a emoção das pessoas entrando para uma experiência pela qual elas também se prepararam por muito tempo, temos a materialização do propósito da Rock World. Ali, todos veem o mesmo sonho. A equipe toda vislumbra o que realmente estava construindo durante todos os meses de trabalho, com planilhas, prazos e tudo o que faz parte do dia a dia de qualquer negócio.

Por isso, aqui eu pergunto a você: sua equipe sabe o que está construindo? Quanto vocês têm reforçado o propósito do negócio no dia a dia? Se você perguntar às pessoas qual é o propósito da empresa, todas vão responder a mesma coisa?

CONGRUÊNCIA ENTRE O PROPÓSITO PESSOAL E O PROPÓSITO DA ORGANIZAÇÃO

Já me perguntaram sede propósito pessoal e o propósito da organização são a mesma coisa. Eu acredito que não, mas ambos conversam, ou deveriam. O segredo de qualquer relacionamento duradouro, seja amoroso, uma amizade ou um relacionamento profissional, tem um ponto de partida de identificação e admiração. As pessoas não precisam pensar igual, mas convém que tenham os mesmos valores e visão de mundo e que uma ajude a outra a se completar para o atingimento dos objetivos individuais.

Assim deve ser na relação entre colaboradores e a empresa. A partir de um conhecimento claro dos propósitos pessoais, reconhacer como o propósito da organização as ajuda a realizar os próprios objetivos. Sem essa linha de conexão, é muito difícil imaginarmos uma relação saudável e duradoura.

Ausência de intersecção de propósito pessoal e da organização

Zona de intersecção de propósito pessoal e da organização

PRIMEIRO: CLAREZA DE SEU PROPÓSITO INDIVIDUAL

Qual é o seu propósito? Talvez essa seja uma das perguntas mais difíceis e desafiadoras de nossa vida e, por essa razão, uma das mais estudadas e debatidas entre os maiores pensadores da humanidade acerca do sentido da vida.

Existe uma frase de origem desconhecida, embora comumente atribuída ao autor Mark Twain, que diz que "os dois momentos mais importantes da sua vida são quando você nasce e quando você descobre o porquê". Mas não se sinta frustrado ou pressionado se você, como a grande maioria, ainda não descobriu aquilo que possa definir como um propósito maior de sua vida. Esta é uma ótima oportunidade para refletir sobre esse tema.

O célebre autor e palestrante Tony Robbins diz que apenas duas coisas nos impedem de responder a essa grande questão de qual é nosso propósito pessoal: o medo e as limitações que nós mesmos criamos. Em relação ao primeiro, ele se refere ao medo de sofrermos rejeição, de fracassarmos ou sermos percebidos como insuficientes. E as limitações que nos impomos referem-se aos produtos que o medo cria: porque sentimos medo, passamos a acreditar em versões de nós mesmos que não seriam capazes de realizar aquilo que tanto queremos. Como ele afirma: "não é o que ganhamos. Mas quem nos tornamos, com o que contribuímos... isso dá sentido às nossas vidas".[38]

Desse modo, voltamos ao elemento central de nosso framework: a coragem e a antifragilidade. Não é coincidência que esses dois conceitos sejam posicionados na mesma coluna do propósito. O primeiro desafio de um líder é o de liderar a si mesmo: ter coragem para enfrentar o medo e as crenças autolimitantes que impedem de identificar e de buscar o próprio propósito. Como um líder pode esperar que outras pessoas confiem em si mesmas se ele mesmo não confia?

Algo fundamental também na busca de seu propósito individual é ter clareza de que ele não é destino, e sim um guia para sua jornada de vida. O propósito é uma estrada que segue eternamente em direção do que você acredita, e não uma linha de chegada. E, como a paisagem de qualquer estrada, ela estará em constante mudança, assim como devem ser seus objetivos, conquistas e desafios. Propósitos também não precisam ser imutáveis, talvez você tenha sorte de se redescobrir várias vezes ao longo da vida e, com isso, surjam motivações distintas para construir seu legado.

Eu acredito que sou uma dessas pessoas que teve a sorte de identificar e perseguir os propósitos de vida, mesmo que cada um deles sempre venha acompanhado do medo e de um respectivo ato de coragem. A paternidade/maternidade, por exemplo, é sem dúvida um ato de coragem e propósito. Educar, transmitir valores e orientar meus filhos para que eles também possam identificar os próprios propósitos e deixar legados futuros, também faz parte de meu propósito, o que me inspira a agir com coragem e antifragilidade em todas as fases de crescimento e amadurecimento deles. Profissionalmente, meu propósito atual é que eu possa, por meio das oportunidades

---

[38] HOW TO FIND your purpose. *In*: **Tony Robbins**. Blogue. Disponível em: https://www.tonyrobbins.com/blog/what-is-my-purpose. Acesso em: 28 ago. 2024.

de liderança nos negócios dos quais participo e participei, influenciar e inspirar novas gerações de líderes a transformar realidades a partir dos valores nos quais acredito, como os presentes neste livro. Foi o que me motivou a me tornar, além de executivo, um palestrante e a escrever e desenvolver o framework que apresento a você aqui, me possibilitando escalar a ideia de que a liderança deve ser guiada por um propósito maior, uma vez que tem a capacidade de transformar realidades para melhor. Olhando para trás, em todos os negócios de que participei e participo até hoje, sempre permaneci até o momento em que eles me permitiram me aproximar desse objetivo, mesmo antes de ter clareza da existência deles.

Se você ainda não tem essa clareza, não se desespere pois ela às vezes só virá mesmo com o tempo. O mais importante é que você possa em determinados momentos olhar com algum distanciamento para sua rotina de atividades diárias e se fazer algumas perguntas que possam ajudar a estimular essa descoberta, tais como:

- Qual é o impacto ou a contribuição para os outros que você deseja realizar por meio de seu trabalho?
- O que você mais valoriza em seu dia a dia profissional?
- Há algum público ou audiência com o qual você gostaria de ter mais contato?
- Se seu trabalho deixasse de existir, o que a sociedade e as futuras gerações estariam perdendo?

SEGUNDO: ALINHAMENTO COM O PROPÓSITO DA ORGANIZAÇÃO

O propósito de uma organização é um dos elementos que fazem com que ela se torne uma empresa única. Existem milhões de empresas que produzem roupas, mas só existe uma Osklen. Existem diversos negócios que atuam com a realização de shows e festivais de grande porte, mas apenas a Rock World é a Rock World, e isso é graças ao propósito que a rege. Não quero dizer com isso que uma empresa é melhor que a outra, mas sim que empresas podem atuar na mesma indústria, produzir o mesmo tipo de produto ou prestar o mesmo tipo de serviço e serem completamente diferentes. Na maioria das vezes, o que as distingue das outras organizações é aquela motivação original de existência, mesmo que no final das contas os produtos ou serviços compitam pelo mesmo cliente. A identidade de uma organização sem dúvida está ligada ao propósito maior dela, o que inclusive forja a cultura ou a maneira como atua dentro e fora das paredes do escritório, algo que vamos explorar mais à frente em nosso C.E.O. Framework.

A Gallup afirma em um estudo sobre identidade de marca que "o propósito de uma empresa é uma afirmação ousada da sua razão de estar no mercado. Transmite o que a organização representa em termos históricos, éticos, emocionais e práticos".[39]

O PROPÓSITO APLICADO NA ESTRATÉGIA DO NEGÓCIO

Um líder deve ser apaixonado pelo propósito do seu negócio. É por isso que vale a pena estar à frente de uma organização. Há um sentido mais profundo de fazer o que é certo pelas pessoas e pelos negócios. Há o sonho de implementar uma visão ancorada a uma missão muito mais ampla do que apenas a geração de lucro.

Na Rock World, entendemos que, para além da proposta de valor que entregamos a nossos clientes, as tais experiências inesquecíveis que proporcionamos para nossos públicos, devemos entregá-las com um objetivo maior: nosso propósito de construção de um mundo melhor e mais humano.

Malcolm Gladwell é autor de vários best-sellers, entre eles o livro *Foras de série*, no qual ele revela um estudo profundo acerca dos fatores que fazem com que determinadas pessoas tenham resultados extraordinariamente superiores a outras nas próprias atividades (profissionais, esportivas etc.) e conclui mais uma vez que eles não estão ligados exclusivamente à motivação financeira. Ele escreve que:

---

[39] Disponível em: https://www.tonyrobbins.com/stories/date-with-destiny/what-is-my-purpose/. Acesso em: 13 ago. 2024.

Esses três fatores – autonomia, complexidade e relação entre esforço e recompensa – são as qualidades que o trabalho precisa ter para ser significativo. Em última análise, não é quanto ganhamos que nos deixa satisfeitos, e sim o fato de estarmos realizando uma atividade a que atribuímos importância.[40]

Sabemos que nossa força de mercado, de poder de marca e de conexão deve ser utilizada para um bem maior em prol da sociedade para além do entretenimento. Para tanto, incorporamos à estratégia de nosso negócio elementos e indicadores necessários de modo que nos façam a todo momento lembrar que o que fazemos (a proposta de valor, nosso produto ou serviço) deve estar sempre alinhado ao porquê fazemos (o propósito). No final deste livro, quando estivermos falando da última etapa do framework, trataremos de indicadores e como eles devem também monitorar o desempenho da empresa com relação à aderência do propósito; por isso, deixo para falar disso mais adiante. Para já, fica a mensagem de que propósito, por mais que pareça algo etéreo e filosofal, é algo concreto que pode, e deve, ser medido.

---

[40] GLADWELL, M. **Fora de série – Outliers**: descubra por que algumas pessoas têm sucesso e outras não. Edição do Kindle. Rio de Janeiro: Sextante, 2011. p. 134.

C.E.O.

UM LÍDER DEVE
SER APAIXONADO
PELO PROPÓSITO
DO NEGÓCIO. É POR
ISSO QUE VALE A PENA
ESTAR À FRENTE DE
UMA ORGANIZAÇÃO.

@LUIS_JUSTO

C.E.O.

PROPOSTA DE VALOR: QUAL É NOSSA REAL CONTRIBUIÇÃO PARA OS CLIENTES

If you ever find yourself stuck in the middle of the sea
Se você se vir à deriva no meio do oceano
I'll sail the world to find you
Eu velejarei o mundo inteiro para encontrá-lo
If you ever find yourself lost in the dark and you can't see
Se você estiver perdido na escuridão e não conseguir enxergar nada
I'll be the light to guide you [...]
Eu serei a luz a guiá-lo [...]
You can count on me like one, two, three
Você pode contar comigo como um, dois, três
I'll be there
E eu estarei lá

Count on Me[41]
Bruno Mars

---

[41] COUNT on Me. Intérprete: Bruno Mars *In*: Doo-Wops & Hooligans. Los Angeles: Atlantic Records, 2010.

> "Pare de vender. Comece a ajudar."
> Zig Ziglar[42]

---

[42] ZILAR, Zig. **A vista do topo**: vá além do sucesso e torne-se relevante (Portuguese Edition). São Paulo: Buzz Editora, 2024. p. 42

Depois de um mergulho no domínio central e equilibrador do propósito e tentar responder à primeira pergunta filosófica e crucial de um negócio, é chegada a hora de entrarmos no domínio da visão, ligado ao *conectar* de nosso framework. A primeira pergunta deste domínio parece ser extremamente simples, mas não se deixe enganar: *o que é o nosso negócio?*

SEU CLIENTE NÃO COMPRA PRODUTO OU SERVIÇO

Na maioria das vezes, o pensamento imediato que nos vem à mente é responder a essa pergunta com aquilo que vendemos, seja um produto ou serviço. Seria algo como dizer que o negócio da Rock World é vender ingressos para festivais de música. Extrapolando para outras áreas, seria dizer que o negócio de um restaurante é vender comida, o de uma farmacêutica é vender remédio e de uma loja de moda é vender roupas. A provocação que quero trazer para você neste primeiro aspecto do domínio da visão de um líder é entender que as pessoas não compram um produto ou serviço. Elas compram uma proposta de valor.

Uma pessoa que vai a um restaurante sofisticado no aniversário de suas bodas de casamento não está indo lá para se alimentar, e sim para celebrar uma ocasião especial. A proposta de valor esperada para aquele casal é que tenham uma memória inesquecível naquele ambiente, muito mais significativa do que apenas saciar a fome. Já alguém que vai correndo até o fast-food mais próximo do escritório, em um horário apertado entre reuniões, espera que a refeição seja entregue no menor tempo possível. Ambos os estabelecimentos estão no mesmo setor do mercado, o alimentício, mas as expectativas dos clientes são completamente distintas: a proposta de valor de um restaurante especial, cujo atendimento só é feito com reserva, é diferente da proposta de valor de um restaurante fast-food.

Lembro-me de uma palestra que dei para executivos de uma indústria farmacêutica cujo carro-chefe era a produção de um medicamento destinado à prevenção de uma enfermidade comum a pessoas idosas. Ao final da minha exposição, eles me fizeram esta pergunta: "Luis, é fácil você falar sobre propósito e proposta de valor para empresas 'sexy' como a Rock World, que trabalham com entretenimento e experiências. Mas como você enxerga isso funcionando, por exemplo, em uma empresa como a nossa, que produz compostos químicos dentro de uma indústria e não conseguimos ver essa entrega acontecendo?".

Agradeci a pergunta e vi ali uma excelente oportunidade de mostrar o quanto proposta de valor é diferente de produto e a relevância do propósito como alavanca estratégica. Eu lhes respondi que, sim, o produto que eles produziam era alguma molécula química sintética que se materializa em um remédio e que, por definição, é um produto que ninguém gostaria de precisar ter que comprar. Mas se entenderem que a proposta de valor daquele remédio, para quem o compra, é estender a qualidade de vida de uma pessoa amada, um avô ou avó que poderá brincar por pelo menos mais dez anos com os netos e acompanhar o crescimento deles, fica clara qual é a proposta de valor pela qual alguém vai querer aquele produto – e o propósito lindo pelo qual todos aqueles trabalhadores deveriam se encher de orgulho ao fazer parte daquela indústria.

Eu acredito que, quando refletimos sobre a proposta de valor de nossas empresas, estamos refletindo exatamente sobre o que na verdade estamos entregando por trás daquele produto. E, a partir desse olhar do "problema" que estamos resolvendo para nossos clientes, podemos construir um relacionamento de lealdade não só com eles, mas também com nossos colaboradores. Os produtos ou serviços são somente uma ponte para a entrega dessa proposta de valor.

VALOR ATÉ NA LAMA

Quando eu cheguei à Rock World, confesso que demorei um tempo para entender qual era a verdadeira proposta de valor. Por ainda confundir naquela época o que é produto e o que é proposta de valor, acreditava que nossos clientes estavam interessados em comprar ingressos para assistirem aos shows dos artistas que marcavam presença em nossos festivais. Talvez o momento que melhor sintetiza quando compreendi a diferença de produto e proposta de valor tenha acontecido em 2015, quando comemorávamos trinta anos do Rock in Rio.

A primeira edição do festival, como já comentei, aconteceu em 1985. Choveu muito durante os dez dias de shows e, quando as pessoas falam sobre essa primeira e histórica edição, uma das memórias mais marcantes, além, é claro, de todos os artistas e da grandiosidade do evento, foi a quantidade de lama que estava debaixo dos pés delas. Hoje, com muito mais estrutura em nossos eventos, o piso é feito em grama sintética e a experiência do cliente nesse ponto é bem diferente. Mas a famosa "lama de 85" sem dúvida nenhuma ocupou um lugar na memória da primeira edição. Então, em 2015, por ideia maluca de um de nossos colaboradores (alô, Celsinho!), resolvemos lançar um item para colecionadores: uma porção de lama embalada em uma caixinha de acrílico. A lama veio da obra da Vila dos Atletas dos Jogos Olímpicos de 2016, exatamente do mesmo terreno onde a primeira Cidade do Rock foi construída. Sim, foi uma conversa maluca com o dono do terreno, porque precisávamos que ele topasse a ideia e nos deixasse ir até o terreno literalmente cavar e retirar uma boa quantidade de lama para fazer essa ação. Cada porção de lama foi vendida a 185 reais na época. E vendemos lama adoidado...

Agora, talvez você esteja pensando *"Que absurdo alguém pagar 185 reais por uma porção de lama em uma caixa de acrílico"*. É absurdo se você olhar para esse objeto desassociando-o da proposta de valor da marca Rock in Rio.

A GENTE NUNCA VENDEU "SÓ" INGRESSO

Às vezes, as pessoas perguntam: como é que o Rock in Rio consegue, na maioria das vezes, esgotar a venda de ingressos antecipados dois anos antes da próxima edição do festival e sem ter ainda nenhuma banda anunciada? Pelo mesmo motivo que centenas de pessoas compraram lama em uma caixa de acrílico.

Eu descobri que nossa proposta de valor, que hoje é a missão do Rock in Rio, sempre foi proporcionar experiências inesquecíveis por meio da música e do entretenimento. As pessoas não compraram a lama em si, mas um elemento que as conectava com uma memória afetiva incrível vivida por elas naquela primeira edição. Elas compraram algo que revisitava de maneira muito simbólica as emoções de alguma história que tinham vivido por cima daquela lama. Em todos os festivais, milhares de histórias são contadas na Cidade do Rock, e todas elas, mesmo que diferentes, são inesquecíveis para quem as viveu – seja o primeiro festival, um pedido ou até mesmo a celebração de um casamento, o primeiro beijo entre um casal, a decisão de querer virar um artista ou simplesmente a chance de ver aquele artista favorito...

Quando as pessoas compram o Rock in Rio card, o ingresso antecipado sem ter nenhuma informação de como será a programação do próximo festival, elas estão comprando um dia de experiência, lazer e entretenimento com a família e os amigos e confiando em nossa capacidade de reservar memórias incríveis. Só depois elas vão decidir quais bandas serão a trilha sonora dessa experiência futura.

A PROPOSTA DE VALOR AMPLIA AS POSSIBILIDADES DO NEGÓCIO

Uma vez que você, como líder, entenda a proposta de valor de seu negócio, ela passa a ampliar suas possibilidades de desenvolver entregas complementares ou inovadoras relacionadas. Quando entendemos que as pessoas vão ao Rock in Rio para viver memórias incríveis conosco, isso nos possibilitou criá-las de várias outras formas que não fossem exclusivamente por meio das bandas contratadas.

Nossos eventos se transformaram em verdadeiros parques temáticos, com diferentes atrações, musicais inéditos desenvolvidos por nosso time de criadores, montanha-russa, bairros temáticos, shows de drones e inúmeras outras experiências inesquecíveis para além dos concertos, criando um forte vínculo com o público, que percebe em tudo isso o quanto estamos atentos ao maior número de oportunidades para que ele tenha experiências memoráveis.

Essa clareza da proposta de valor tem nos permitido extrapolar os festivais e ampliar o portfólio de produtos que podemos oferecer. Hoje qualquer produto ou serviço que leve nossa marca, seja na assinatura de um clube de benefícios como o Rock in Rio Club ou em um projeto de educação executiva como o Rock in Rio Academy, pressupõe a entrega de uma experiência inesquecível.

Portanto, leve isto com você: o conhecimento da proposta de valor por um líder é uma ferramenta extremamente valiosa de inovação. Isso porque abrirá um mar de oportunidades de ampliar a entrega dessa

Proposta de valor **115**

proposta de valor para além daquilo que você concebeu como seu produto original. Você conseguirá manter o negócio em movimento e atualização e consequentemente não perderá competitividade. Você amplia a possibilidade de entrega de seus produtos e serviços sem perder de vista o grande diferencial de sua empresa.

Acredito que tenha ficado claro que a proposta de valor é algo transversal no portfólio de produtos e serviços, de modo que sua entrega esteja presente em todos eles. Ela sintetiza o sonho que a organização tem como entrega de experiência para os clientes e, quanto melhor e mais forte é essa proposta de valor, mais chances ela tem de ser perpetuada em longo prazo. Você cria diferenciação em relação aos concorrentes e também constrói a base para o vínculo com seu público e as pessoas que estão ao seu lado no dia a dia.

O conhecimento profundo da proposta de valor de seu negócio será um companheiro fundamental em seu processo de tomada de decisões como um líder. Ele não só indicará o que você deve perseguir, mas será também de fundamental importância para identificar aquilo que não deve ser realizado, caso não contribuam para esse grande "o quê" que entregamos.

Um caso que ilustra esse olhar necessário para a avaliação daquilo que contribui ou não com a proposta de valor ocorreu durante a trágica pandemia de covid-19, na qual a grande maioria dos negócios foram paralisados. O nosso, baseado na realização de festivais de música de grande porte, obviamente foi o primeiro a parar e o último a retornar à normalidade. Afinal, trabalhamos juntando pessoas presencialmente para viver experiências fantásticas, o que na época poderia se traduzir como aglomeração. Acontece que, como muitos leitores podem recordar, a alternativa para muitos artistas ou empresas de entretenimento que viram o faturamento reduzido a zero era a realização de *lives* (algumas delas pagas ou patrocinadas) para tentar manter os negócios ativos com alguma entrada de receita.

Nesse contexto, era enorme a tentação de fazer um Rock in Rio 100% digital, transmitido na tela do computador, para buscar de alguma maneira ter alguma rentabilidade naquele período. Mas todo nosso time entendia que, por melhor que pudesse ser a produção digital que buscássemos naquele momento, nunca conseguiríamos entregar nossa

116 C.E.O. – Conectar, Equilibrar, Orientar

proposta de valor de gerar uma experiência inesquecível com as limitações que uma *live* teria.

Optamos por não transformar a edição cancelada daquele ano em uma versão 100% digital, mesmo que isso custasse a possibilidade de alguma receita em um ano tão difícil. Nossa proposta de valor não seria entregue. Como segunda via, ao longo de 2020 e 2021, decidimos entregar, sim, gratuitamente, conteúdos educacionais para abastecer nossa comunidade com conhecimento naquele período de pausa, e sobretudo usar esse tempo para planejar uma retomada em grande estilo quando pudéssemos voltar ao presencial e entregar nossa proposta de valor como imaginávamos.

Dessa pausa nasceu um novo festival presencial, o The Town, que após a pandemia chegou a São Paulo nas mesmas dimensões do "irmão mais velho", o Rock in Rio, ampliando nossa entrega de valor em um novo festival em uma nova cidade e entregar nesse novo projeto planejado durante a pandemia uma nova experiência inesquecível: nossa proposta de valor.

ONDE ENCONTRO ESSA PROPOSTA DE VALOR?

É claro que, se a proposta de valor é o que você estará resolvendo para seu cliente, a resposta é quase intuitiva: **você vai conhecer sua proposta de valor conhecendo seu cliente e sua concorrência.** Para exemplificar esse processo de construção da proposta de valor a partir desses conhecimentos, vamos observar o caso da Uber, que promoveu uma grande disrupção no próprio território de atuação.

Quando olhamos superficialmente só para a atribuição funcional de um produto ou serviço, como mencionei anteriormente, a Uber é uma empresa de transporte cujo serviço é deslocar uma pessoa do local de origem para um local de destino, algo que os serviços de táxi já faziam de maneira massiva e funcional no mundo inteiro há décadas.

Ao observar mais profundamente, para além do objetivo principal funcional do transporte em si, a Uber, por meio do uso da tecnologia, pôde suprir vários dos desejos que o cliente desse serviço tinha, mas que não eram atendidos por nenhuma outra empresa.

O cliente, além de sair e chegar ao destino, gostaria de ter mais garantias de segurança acerca do trajeto a ser seguido pelo motorista desconhecido; a avaliação de outros passageiros anteriores a respeito do motorista; a possibilidade de efetuar um pagamento de maneira prática e automática, sem precisar carregar dinheiro ou um cartão de débito/crédito; um recibo automático ao final da corrida, sem precisar aguardar o preenchimento pelo motorista; a previsibilidade do horário de chegada do motorista sem precisar estar exposto na rua enquanto aguarda um veículo... Enfim, eram inúmeras as possibilidades de melhoria na jornada de desejos do cliente que busca transporte personalizado. Ao utilizar a principal competência da empresa, que é o domínio da tecnologia, a Uber criou um serviço que tem o mesmo objetivo original de transporte oferecido pelos serviços de táxi tradicionais, mas com uma proposta de valor completamente diferente.

O gráfico a seguir demonstra de modo simples como encontrar a proposta de valor única de sua empresa: descobrindo os desejos de seu cliente e identificando aqueles que você tenha competência e recursos suficientes para entregar e que ainda não tenham sido atendidos pelo mercado. Parece simples, não? Mas muitas empresas e lideranças não fazem o exercício constante de observar se os esforços diários estão na (re)descoberta e (re)visita permanente desse lugar único para navegar os negócios.

E A PROPOSTA DE VALOR DE SUA EMPRESA?

É hora de você também refletir sobre o que seus clientes estão comprando quando assinam um contrato com você. Já deve estar claro que não são somente os atributos funcionais que sua empresa entrega. Você já tem o propósito definido, então este é o momento de materializá-lo. Para isso:

- Reflita sobre qual "problema" você está resolvendo para seu cliente de maneira disfarçada de um produto ou serviço e qual é o melhor modo de entregar essa solução observando toda a jornada de seu cliente antes, durante e após a relação com seu negócio;
- Identifique quais são os atributos de sua entrega que reforçam as percepções positivas sobre seu produto ou serviço;
- Encontre o diferencial que faz que seu negócio seja único mesmo que exista um concorrente com entregas funcionais parecidas com a sua.

9

CULTURA SÃO VALORES COMPARTILHADOS

We've got to hold on to what we've got
Temos que nos agarrar ao que temos
It doesn't make a difference if we make it or not
Não faz diferença se conseguiremos ou não
We've got each other and that's a lot
Nós temos um ao outro, e isso já é muito

Livin' on a Prayer
Bon Jovi[43]

---

[43] LIVIN' on a Prayer. Intérprete: Bon Jovi. *In*: SLIPPERY When Wet. Cidade: Mercury Records, 1986.

"Nossa cultura — focada em alcançar o melhor desempenho com a densidade de talento e em liderar as nossas equipes com contexto em vez de com controle — nos permitiu crescer e mudar continuamente à medida que o mundo e as necessidades de nossos assinantes se transformavam à nossa volta."

Reed Hastings[44]

C. E. O.

C.E.O. MINDSET	CONECTAR	EQUILIBRAR	ORIENTAR

AMBIVALÊNCIA DA LIDERANÇA				
	TEMPO	LONGO PRAZO ▶	AGORA ◀	CURTO PRAZO
	ATUAÇÃO	PALCO ▶	COOPERAÇÃO ◀	BASTIDORES
MOTIVAÇÃO		SONHAR ▶	CORAGEM & ANTIGRAFILIDADE ◀	FAZER
DOMÍNIOS		VISÃO / O QUÊ? ▶ COMO? / QUEM?	PROPÓSITO / POR QUÊ ◀	RAZÃO / QUANDO? ONDE? QUANTO?

INDICADORES AMBIVALENTES (KPIS)	KEY PEOPLE INDICATORS ▶	KEY PURPOSE INDICATORS ◀	KEY PERFORMANCE INDICATORS

---

44 HASTINGS, R.; MEYER, E. **A regra é não ter regras**: a Netflix e a cultura da reinvenção. Edição do Kindle. Rio de Janeiro: Intrínseca, 2020. p. 9.

Depois de passarmos pelo *por quê?*, **a pergunta norteadora** do propósito, e pelo *o quê?*, aquela que nos auxilia na definição da proposta de valor de nosso negócio, vamos avançar para a próxima pergunta do território da visão. Perguntar *como* iremos desenvolver nosso negócio é definir a cultura que nos guiará.

Uma das principais atribuições de um líder é ser um verdadeiro guardião e evangelizador da cultura de uma empresa. Então, afinal, o que é a cultura de uma empresa? A cultura nada mais é que o conjunto de valores comuns de um grupo de pessoas e que retrata os comportamentos e a maneira como desenvolvem essas ações. É ela que determina como vamos projetar o crescimento e desenvolvimento de nossas atividades, mas sobretudo como agiremos quando as coisas não estiverem indo bem, como quando um grande cliente rompe um contrato importante, as condições econômicas ou de mercado para o produto desabam ou em casos reais de desastres inesperados que já relatei por aqui, como um incêndio na sede ou o cancelamento de uma das atrações principais do festival. Cultura é o clima que rege a organização, seja diante de um desafio ou de uma oportunidade.

ESCOLHA BEM QUEM DEVE EMBARCAR EM SEU ÔNIBUS

As empresas, mesmo que produzam exatamente o mesmo produto ou serviço, serão sempre diferentes porque as pessoas que constroem cada organização são diferentes. O CNPJ não tem personalidade, mas o conjunto de CPFs, as pessoas que estão por trás daquela empresa que carregam valores individuais, sim. E quanto maior for o alinhamento de valores nesse conjunto de pessoas que constituem uma empresa, mais fortes e evidentes serão os efeitos percebidos pela existência dessa cultura para dentro e para fora dos domínios.

O psicólogo organizacional e professor da Wharton School, Adam Grant, que é também autor de livros como *Pense de novo*, *Dar e receber* e *Originals*, traz um ponto muito importante com relação ao papel do líder no momento da escolha das pessoas que farão parte de seu time. Ele menciona em uma entrevista que o alinhamento prévio dos valores de um profissional e da empresa são fundamentais, já que é extremamente difícil transformá-los depois. Nessa conversa ele afirma que "é bom ter as pessoas certas no seu ônibus, mas é ainda mais crítico manter as pessoas erradas fora de seu ônibus. [...] Nunca é cedo para pensar na cultura que você está moldando. E é muito mais fácil moldar a cultura por intermédio de quem você deixa entrar do que tentando mudar radicalmente o comportamento das pessoas".[45]

Eu já mencionei anteriormente que um dos fatores-chave para o sucesso de CEO é a aderência à cultura da empresa, e isso também vale para o desempenho de todos os membros do time. Para que essa cultura se perpetue, o papel do líder vai além de escolher as pessoas certas. Quando falamos de uma cultura de alta performance, é preciso uma intencionalidade formal e permanente da liderança para que esses valores comuns sejam promovidos e demonstrados para todos a cada momento e decisão importante. Como já falei, a liderança é um ato público.

A CULTURA DEVE SER UM COMPROMISSO FORMAL

Quando eu assumi as posições de CEO na Osklen e posteriormente na Rock World, em ambas as ocasiões eu era um executivo vindo de mercado décadas após a fundação dessas empresas. Por essa razão, eu precisava compreender profundamente a cultura já estabelecida nessas companhias, para me certificar de que se alinhavam com meus próprios valores (antes mesmo de me juntar a elas), e também para ser capaz de atuar da melhor maneira em cada tomada de decisão.

O primeiro movimento para trabalhar cultura é olhar para os valores presentes na gênese do negócio, observar o que motivou o(s) fundador(es) a iniciar(em) aquele projeto. Se você é um empreendedor, ainda melhor. Reflita sobre o propósito e os valores inegociáveis que o fizeram assumir o risco de sair de sua zona de conforto e enfrentar os desafios inerentes à criação de qualquer negócio. Pode ser que as intenções e as ambições tenham se transformado, mas aquela motivação inicial traz elementos importantes para a história daquela empresa e, como parte da alta liderança, você precisa resgatá-los e se fazer os seguintes questionamentos:

---

[45] MASTERS of scale 8: Why culture matters. Entrevistador: Reid Hoffman. Entrevistado: Reed Hastings. [S.l.]: WaiWhat, fev. 2024. *Podcast*. Tradução livre. Disponível em: https://mastersofscale.com/reed-hastings-culture-shock/. Acesso em: 26 ago. 2024.

- O que se acreditava no início da empresa ainda é verdade?
- Existem comportamentos inegociáveis de antes que ainda seguem presentes hoje?
- Quais atitudes queremos incorporar?
- Quais comportamentos queremos deixar para trás?

Muito importante: assim como os valores das pessoas podem se transformar ao longo da vida, assim também podem os de uma empresa. A cultura não é algo estático.

O "ESPÍRITO ROCK IN RIO"

No início de 2020, coincidentemente poucos meses antes de o mundo e os nossos negócios paralisarem na já referida pandemia, eu senti a necessidade de desenvolver um trabalho, em conjunto com a equipe, de formalizar os pilares até então empíricos que sustentam nossa cultura. Sempre falávamos entre nós sobre algo que chamávamos de "espírito Rock in Rio", e era rápido identificar nas novas pessoas que chegavam ao time se elas tinham ou não esse tal "espírito". Eu imaginava que era hora de formalizarmos esses valores de maneira mais concreta, algo que até então compartilhávamos de modo menos explícito.

Eu falava para o time de lideranças que, se ao final dessa atividade de formalização, esses valores identificados virassem apenas um quadrinho bonito para colocarmos na parede, "ferrou". Significaria que o projeto deu errado. Porque a cultura é feita a partir da vivência desses valores pelas pessoas. Não é algo que é imposto a partir de uma determinação, seja do CEO, do fundador ou qualquer outra pessoa. A declaração de nossa cultura serviria para alinhar quem está hoje no negócio e as pessoas que virão no futuro em relação a quem nós somos, no que acreditamos, como agimos, o que defendemos e o que esperamos uns dos outros.

A cultura não se apresenta somente nas salas de reunião, mas também nos corredores, nas conversas, nas ações de rotina que fazem a empresa acontecer. Então, **se estamos falando que cultura é um conjunto de valores, estamos dizendo que são os valores que coletivamente representam as pessoas.**

Outro fator determinante nesse processo de formalização da cultura é que ela deveria abarcar a opinião do maior número de pessoas possível da organização. Afinal, se ela é a soma dos valores de todos, não poderíamos deixar ninguém de fora. Em uma primeira etapa, convidamos todos os colaboradores da empresa, independentemente de cargo ou tempo de casa, a indicar de modo livre quais os valores que acreditavam que melhor definiriam nossa maneira de atuar como empresa e quais valores individuais com os quais mais se identificavam e que achavam relevantes como pessoa. O resultado gerou uma grande nuvem de palavras que apresentavam os valores mais evidentes e as simetrias ou as simetrias delas. A partir dessa identificação, reunimos em uma segunda etapa grupos de trabalhos com pessoas de áreas e funções distintas para que pudessem identificar e descrever de modo simples quais desses valores eram evidentemente sinérgicos entre todos os membros do time e representavam nossa maneira de atuar coletiva como empresa.

Identificamos que nos reconhecemos como pessoas com uma evidente paixão e capacidade para *sonhar e fazer acontecer*. Uma declaração muito forte, a que resolvemos dar mais sentido e profundidade para que ficasse claro, para todos, como poderíamos garantir que ela seria colocada em prática no dia a dia. E, assim como a ambivalência na liderança, a cultura também, para nós, se apresentava a partir desses dois balizadores: o "sonhar" – com quatro valores, conectados a emoção, inspiração e criatividade; e o "fazer acontecer" – com outros quatro valores, conectados a conceitos mais pragmáticos relacionados à realização de nossas entregas. Seguindo esse caminho, a própria equipe estabeleceu os oitos pilares com os valores que sustentam nossa cultura de sonhar e fazer acontecer.

SONHAR	FAZER ACONTECER
1° Pensar grande: somos ousados, por isso pensamos em ideias grandiosas, mesmo sabendo que venham acompanhadas de risco. Somos experts em criar soluções que mobilizam parceiros e que, junto a nossas plataformas, viabilizam nossas ideias de grande impacto.	**5° Work Hard – Play Hard:** nossa equipe sempre alcança os melhores resultados em um contexto de superação e grande responsabilidade de entrega, sem nunca perder o ambiente de diversão em família. Com alegria e paixão, tudo é possível.
2° Coragem: somos um grupo que transforma nossa paixão e competência em coragem para atingir nossos objetivos.	**6° Excelência:** nosso compromisso é surpreender sempre, entregando mais que as expectativas. Somos obstinados pelos detalhes e assim garantimos que a próxima experiência será sempre a melhor.
3° Criatividade: constantemente nos desafiamos a criar, acertar e errar. Aprendemos juntos.	**7° Integridade:** somos indivíduos íntegros, éticos e plenos. Nossas atitudes sempre refletem a premissa de que nossos resultados nunca se sobreponham à construção de um coletivo saudável.
4° Eu Faço: nossa história nos orgulha e nos inspira, o que nos torna um time apaixonado. Nossa inspiração é transformar o mundo e assim ampliar nosso legado a cada dia.	**8° Todos na mesma direção:** sabemos aonde queremos chegar. Trabalhamos em parceria e respeitamos uns aos outros. Juntos somos melhores.

A CULTURA ATRAVESSA AS PAREDES DA EMPRESA

Se, como falamos, a cultura é a soma dos valores de todas as pessoas que constituem a empresa e como elas se relacionam entre si, ela também determina a maneira como essa empresa se relaciona com os demais stakeholders. Por essa razão, a formalização desses valores é tão importante; eles serão a resposta ao "como", a segunda pergunta do domínio da visão de nosso framework.

Os valores orientam o *modus operandi* de relacionamento entre companheiros de trabalho, líderes e liderados, com fornecedores, clientes ou acionistas e, de maneira mais ampla, na relação da empresa com a sociedade como um todo. Assim, o líder de uma organização

126 C.E.O. – Conectar, Equilibrar, Orientar

precisa ter clareza em todas essas diferentes relações, de modo que as decisões estejam sempre alinhadas a esses valores, que não podem ser subjetivos: ou estamos agindo de maneira adequada a eles ou não.

Para trazer mais visibilidade aos questionamentos necessários para responder a "como" sua empresa vem atuando nesse domínio, faça a si mesmo e a seu time as seguintes perguntas:

- Quais valores norteiam nossa maneira de trabalho e quais são inegociáveis independentemente de qualquer situação?
- De que modo nos relacionamos com pessoas, fornecedores ou parceiros que não fazem parte direta de nosso quadro, mas são fundamentais para que nossa entrega seja estabelecida?
- Quais valores nos orientam em nossas decisões sobre investimentos e recursos necessários para a entrega de nossa proposta de valor?
- Quais impactos positivos e negativos nosso negócio promove na sociedade, incluindo naqueles que não são nossos clientes diretos, e quais valores internos identificamos nas decisões geradoras desses impactos?

Tem uma história que sempre conto para exemplificar nossa cultura, ou seja, o *"como"* fazemos, para além do *"o quê"* fazemos. Imagino que você, assim como eu, não deve ser dos maiores fãs de reuniões de condomínio – ou, no mínimo, conhece alguém que sempre reclama disso. Agora imagine participar de cerca de 800 reuniões de condomínio de prédios que não são seus. Pois é, foi assim que nossa equipe decidiu que seria a melhor maneira de podermos nos comunicar e nos relacionar com toda a comunidade de prédios vizinhos à Cidade do Rock, local em que realizamos nossos eventos no Rio de Janeiro. Queríamos entender junto a eles qual seria a melhor maneira de fazermos nossa operação para o festival, incluindo toda a logística, distribuição de adesivos de acesso livre aos moradores nos dias de evento, em que a prefeitura precisa fechar determinadas ruas etc. Mesmo sabendo que a grande maioria daquelas pessoas não eram nossas clientes, entendíamos que nossa ação impactaria a rotina delas e gostaríamos que percebessem o quanto respeitávamos e valorizávamos essa compreensão. Como uma empresa que defende a integridade, temos a responsabilidade de causar o menor impacto na comunidade na qual estamos inseridos, mesmo que isso nos custe centenas de horas de reuniões de condomínio.

Esse olhar de como a cultura, ou seja, os valores de seu negócio refletem na relação com todos os stakeholders com os quais sua empresa se relaciona faz faz toda a diferença para confirmar que o discurso é vivido na prática. Dos artistas aos patrocinadores, fornecedores, clientes, colaboradores ou fornecedores, todos devem enxergar, por meio de nossas atitudes, que valorizamos algo que vai muito além de nosso resultado financeiro. O líder de uma empresa deve incorporar em sua visão ambivalente o equilíbrio entre todos os resultados pragmáticos que precisam ser entregues no negócio, além de entender que eles não podem sobrepor aos valores da organização.

Agora chegou a hora de você refletir sobre a cultura de sua empresa e avaliar como você desenvolve suas atividades por meio do relacionamento com seus stakeholders. A partir dessa reflexão, formalize com seu time os valores que definem a organização – aqueles comuns a todos, com os quais quais vocês se identificam e que esperam encontrar nos membros da equipe. Esses valores se tornarão um estandarte, atraindo pessoas que também querem estar em um ambiente que acredita e pratica os mesmos princípios.

C.E.O.

O PRIMEIRO MOVIMENTO PARA TRABALHAR CULTURA É OLHAR PARA OS VALORES PRESENTES NA GÊNESE DO NEGÓCIO.

@LUIS_JUSTO

C.E.O.

10

CONSTRUINDO UM TIME ALINHADO À VISÃO

Lean on me, when you're not strong
Apoie-se em mim quando não estiver forte
And I'll be your friend
E eu serei seu amigo
I'll help you carry on
Eu ajudarei você a seguir em frente
For it won't be long
E não demorará
'Til I'm gonna need
Até que eu precise
Somebody to lean on
De alguém para me apoiar

Lean on Me[46]
Bill Withers

---

[46] LEAN on Me. Intérprete: Bill Withers. *In:* STILL Bill. Los Angeles: Sussex Records, 1972.

> *"Não existem atalhos em relação à qualidade,*
> *e a qualidade começa com as pessoas."*
> **Steve Jobs**[47]

C. E. O.

C.E.O. MINDSET	CONECTAR	EQUILIBRAR	ORIENTAR
AMBIVALÊNCIA DA LIDERANÇA — TEMPO	LONGO PRAZO ▶	AGORA ◀	CURTO PRAZO
ATUAÇÃO	PALCO ▶	COOPERAÇÃO ◀	BASTIDORES
MOTIVAÇÃO	SONHAR ▶	CORAGEM & ANTIGRAFILIDADE ◀	FAZER
DOMÍNIOS	VISÃO · O QUÊ? COMO? · QUEM? ▶	PROPÓSITO POR QUÊ? ◀	RAZÃO QUANDO? ONDE? QUANTO?
INDICADORES AMBIVALENTES (KPIS)	KEY PEOPLE INDICATORS ▶	KEY PURPOSE INDICATORS ◀	KEY PERFORMANCE INDICATORS

---

[47] THE Steve Jobs Archive. Disponível em: https://book.stevejobsarchive.com/. Acesso em: 15 ago. 2024. (Tradução livre).

Para concluirmos o terceiro e último aspecto do domínio da visão, chegamos a uma pergunta crucial que todo líder deve ter em mente: *quem?* Como garantir que teremos ao nosso lado as pessoas certas para a construção dessa visão? Nenhuma empresa alcança o propósito ou entrega a proposta de valor se não tiver um time de talentos competente e altamente engajado. E arrisco dizer, após décadas à frente da gestão de empresas, que esse seja ao mesmo tempo um dos maiores desafios e prazeres de um líder.

Uma pesquisa realizada nos Estados Unidos, com cerca de 200 CEOs, identificou que, em 2024, 60% dos executivos viam retenção e engajamento de talentos como a maior prioridade, seguida de melhorias nos custos da companhia.

Se pararmos para analisar bem, esses desafios não são novidade. Em 1999, uma publicação da PwC, intitulada *21st Century Leadership: Redefining Management Education: Educating Managers in the Modern Era* (Liderança do século XXI: *Redefinindo a Educação Gerencial: Educando Gerentes na Era Moderna*),[48] apontou que os "principais desafios de liderança para o século XXI podem ser agrupados em três categorias: forças de mercado, pessoas e competências de liderança".

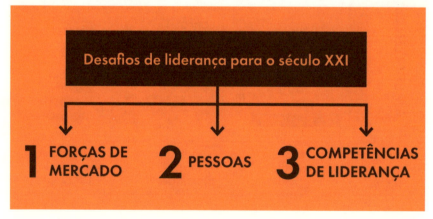

---

[48] NEVINS, M. D.; STUMPF, S. A. 21st Century Leadership: Redefining Management Education: Educating Managers in the Modern Era. **Strategy + Business**, 1 jul. 1999. Disponível em: https://www.strategy-business.com/article/19405. Acesso em: 14 ago. 2024.

A conclusão era de que o século XXI nos traria a importância de um novo contrato social, que, embora ainda não estivesse totalmente claro naquela época, já indicava alguns fatores importantes:

- Valorização do aprendizado, da criatividade e da inovação;
- Valorização do trabalho em equipe, da colaboração e da cooperação;
- Ambientes de responsabilidade compartilhada;
- Clareza do propósito, da visão e dos valores das organizações.
- Oportunidades de desenvolvimento pessoal e profissional contínuo;
- Feedbacks frequentes, reconhecimento e compensações justas pelos resultados gerados;
- Ambientes de trabalho seguros, estimulantes e desafiadores.

Você percebe como o que há mais de vinte anos era uma previsão, hoje se mostra uma absoluta realidade quando vemos as prioridades e os desafios atuais dos líderes nas organizações?

Reed Hastings, cofundador e CEO da Netflix, diz que, mais do que a ideia de ser uma família, as empresas precisam se ver como um time esportivo. Porque, em uma família, espera-se que as relações sejam construídas a partir de um amor incondicional, e em um negócio, a base é a performance.[49] Mesmo que haja momentos de discordância, em um time de alto desempenho existe uma predisposição de colaboração, uma vez que cada indivíduo da organização sabe que, para evolução do rendimento pessoal, é necessário um ambiente de cooperação, pois as metas, além de ambiciosas, são coletivas.

Esse engajamento genuíno só acontece quando as pessoas enxergam na empresa um caminho para construção do propósito de vida, para além de salário, bônus ou identificação com o serviço ou produto por ela desenvolvido. A empresa precisa ser vista, por todos no ecossistema, não apenas como um trabalho, mas como uma plataforma, que, além de atingir objetivos de negócio, deve servir como um veículo para a realização dos sonhos de cada um.

---

[49] WHY culture matters. **Masters of Scale**, [s.d.]. Disponível em: https://mastersofscale.com/reed-hastings-culture-shock/. Acesso em: 15 ago. 2024.

NÃO EXISTEM ATALHOS PARA A QUALIDADE

Nos anos 1990, Steve Jobs, uma das mentes mais brilhantes de nossos tempos, no hiato em que ficou de fora da gestão da Apple e estava à frente da NeXT e da Pixar, recebeu dois estudantes de Stanford que tiveram a oportunidade de entrevistá-lo para um livro que traçava o perfil de líderes empresariais em tecnologia. Nessa conversa, Jobs comentou o papel central dos líderes na construção do time:

> *É melhor você ter ótimas pessoas, ou não colocará seu produto no mercado o mais rápido possível. Ou você pode colocar um produto no mercado muito rápido, mas será muito desajeitado e ninguém o comprará. Não existem atalhos em relação à qualidade, e a qualidade começa com as pessoas.*
>
> *[...] Parte do trabalho do CEO é [...] fazer o que for necessário para que as pessoas vejam as coisas de uma maneira maior e mais profunda do que elas veem, e fazer um trabalho melhor do que pensavam que poderiam fazer.*
>
> *Quando elas fazem o melhor e você acha que não é o suficiente, diga-lhes francamente: "Isso não é bom o suficiente. Eu sei que você pode fazer melhor. Você precisa fazer melhor. Agora vá fazer melhor".*
>
> *[...] A equipe do Macintosh, se você conversar com a maioria das pessoas que trabalharam no projeto (uma dúzia de anos desde que o lançamos), a maioria ainda dirá que trabalhar no Mac foi a experiência mais significativa de suas vidas. Se nunca tivéssemos lançado um produto, elas não diriam isso. Se o produto não fosse muito bom, elas não diriam isso. A experiência do Macintosh não consistia apenas em passar tempo com um monte de gente divertida. Não era apenas discurso motivacional. Foi a construção de um produto no qual todos colocaram seu coração e alma, e foi o produto que expressava aquilo que elas mais apreciavam para que, de alguma forma, o mundo pudesse ver.[50]*

---

[50] THE Steve Jobs Archive. Disponível em: https://book.stevejobsarchive.com/. Acesso em: 15 ago. 2024. (Tradução livre).

134 C.E.O. – Conectar, Equilibrar, Orientar

O que Jobs está dizendo é que o líder precisa ser claro em relação às próprias expectativas e que o engajamento das pessoas vem a partir do momento em que elas também se reconhecem no propósito daquele negócio e sentem orgulho do que são capazes de construir. Em todos os eventos produzidos pela Rock World, você pode observar impressa, no verso das credenciais de trabalho dos responsáveis pelo controle de acesso dos colaboradores, a frase: "Eu faço". Essa frase é um paralelo do célebre slogan "Eu fui", que se eternizou desde a primeira edição do Rock in Rio, em 1985, e segue presente nas camisetas mais vendidas até hoje em todas as edições do festival para aqueles clientes que querem levar para casa uma representação das memórias inesquecíveis vividas naquela Cidade do Rock. Para nossa equipe, estampar no peito o "Eu faço" é demonstrar o orgulho em ser corresponsável pela construção de algo tão grandioso e impactante na vida de milhões de pessoas que já passaram por nossos festivais. É algo tão valioso para nós que, como já mencionei anteriormente, se tornou um dos oito valores-chave da cultura de nossa organização.

A Rock World tornou-se uma referência na construção de times engajados – o que, é claro, é motivo de muita alegria –, mas isso não significa que não seja até hoje uma missão desafiadora.

NÃO É PORQUE DEU CERTO...

Quando alguém assume uma posição de liderança, é preciso compreender a necessidade de construir o equilíbrio entre a pressão consequente da busca pela excelência pela equipe e a manutenção de um ambiente de trabalho vibrante e feliz. Na Rock World chamamos isso de "Work Hard, Play Hard" (mais um dos oito valores da empresa), em uma analogia a uma música do DJ francês David Guetta. Em uma tradução livre, significa "Trabalhe duro, mas se divirta para valer!" e é mais uma das ambivalências à qual um bom líder deve dedicar a atenção com a qual deve buscar convergência.

Alguns anos atrás, vivi uma frustração muito grande quando, às vésperas da entrega de um festival, decidimos fazer uma pesquisa para entender o quanto as pessoas que trabalhavam na empresa estavam felizes e realizadas naquele momento. Confesso, eu e toda a liderança tomamos um susto: os resultados indicaram que, apesar do orgulho que o time sentia pela entrega que se aproximava, as pessoas estavam exaustas e infelizes com a maneira como estávamos cruzando a linha de chegada, colocando muitas vezes a vida pessoal de lado e dedicando 110% das energias na entrega daquele festival. Indicava também que isso poderia contribuir negativamente não só para a entrega como também para a relação com as lideranças e com a própria empresa.

Ali, confesso que me senti derrubado como líder. Logo eu, que acredito tanto na importância de estarmos felizes, equilibrados e encontrando no trabalho uma fonte de realização pessoal, me deparava com um relatório que indicava que não era bem assim que as pessoas estavam se sentindo naquele momento.

No auge de minha frustração, decidi reunir toda a equipe e, mesmo ciente da grande demonstração de vulnerabilidade, precisava reconhecer perante todos que nós estávamos falhando como empresa e, em especial, eu como líder. Ficou claro que, de alguma maneira, era preciso olhar mais para dentro e cuidar daquilo que é mais importante: nossas pessoas. Não adiantava entregarmos o projeto mais incrível de entretenimento do mundo se não estávamos respeitando nossos próprios limites.

Ao final dessa reunião, fui procurado por uma pessoa da equipe que, sensibilizada com aquele momento, me ensinou algo incrível. Ela me contou a história de um amigo que resolveu correr uma maratona de 42 quilômetros. Ele não era um atleta profissional nem sequer tinha se preparado como um desafio desses exigia. Motivado pela determinação, muito maior do que o preparo dele, o amigo conseguiu enfrentar o próprio corpo, forçando para além dos limites, conseguindo assim cruzar a linha de chegada e levar para casa a medalha como reconhecimento do feito, uma linda história de superação. Nos meses seguintes ao feito, além da medalha, ele levou consigo graves consequências e meses de fisioterapia de reabilitação: cruzar aquela linha de chegada implicou também sequelas no corpo dele que perduram até hoje. Ao finalizar essa história, ela repetiu para mim a frase que o amigo concluiu e que é uma verdadeira lição: "Não é porque as coisas deram certo que significa que elas estão certas". Fazendo um paralelo imediato, entendi que, mesmo com um grande orgulho em fazê-lo, não era porque nosso time seria capaz de entregar o melhor festival de todos os tempos que nós estávamos atuando da maneira correta em uma dedicação acima de nossos limites.

E como sempre acredito que por trás de toda crise existe uma oportunidade oculta (conceito central da antifragilidade de nosso framework), aproveitei o momento para revisitar a necessidade de estruturarmos uma área focada em nossos talentos, com uma atuação dedicada a desenvolvimento, bem-estar e realização das pessoas. Essa equipe tem hoje a importante missão de atuar e apoiar nossas lideranças naquilo que sempre acreditamos, mas que acabavam sufocadas nos desafios diários de nossas entregas: cuidar das pessoas para além da produtividade, olhando a performance também pelo ângulo do desenvolvimento humano.

TODOS EM UMA MESMA DIREÇÃO

É necessária muita intencionalidade na construção de uma cultura que seja transversal para toda a empresa. E nesse ponto o líder exerce um papel fundamental na promoção desse alinhamento entre as pessoas da equipe. Afinal, por mais que possam compartilhar dos mesmos valores, elas têm visões e opiniões distintas.

Um ponto fundamental a ser destacado é que alinhamento não significa fazer todas as pessoas pensarem da mesma maneira. Pelo contrário, o líder deve buscar e promover a diversidade de perfis no próprio time, e isso refletirá necessariamente uma diversidade de opiniões. O líder deve desempenhar o papel de facilitador na convergência dessas diferentes visões para que aproveite o melhor de todos na construção de uma posição final. O sentimento das pessoas em relação aos projetos e iniciativas da empresa deve ser de pertencimento, e as conquistas devem ser reconhecidas como de todo o grupo, e não apenas individuais. **Um ambiente de alto desempenho é aquele no qual todos compreendem que são igualmente responsáveis pelo sucesso ou fracasso de uma atividade, não importa de quem tenha sido a ideia original ou a responsabilidade de execução.**

Para você ter uma ideia, durante um Rock in Rio, chegamos a ter cerca de 28 mil pessoas trabalhando na entrega dos sete dias de festival – imagine que esse número representa um volume de pessoas maior do que a quantidade de habitantes em cerca de dois terços dos municípios brasileiros.[51] Nesse contingente de pessoas, temos, além do time contratado diretamente pela Rock World, todos os fornecedores, parceiros, patrocinadores, artistas e diversos outros terceirizados responsáveis conjuntamente pela entrega da experiência para o cliente. Você já deve concluir que, sem um alinhamento consistente entre todas essas pessoas, seria absolutamente impossível entregar qualquer experiência de maneira integrada. Portanto, durante a execução de um festival, todas essas milhares de pessoas compreendem o próprio papel para a entrega da experiência com a qual nos comprometemos e sabem que são absolutamente responsáveis pela construção do todo, mesmo que realizem somente uma pequena parte.

É claro que existe uma grande responsabilidade da empresa, por meio da liderança, em entregar os recursos necessários e capacitar essas pessoas para que desempenhem da melhor maneira o trabalho. No entanto, se o líder não se certificar de que elas comungam dos mesmos valores, esse alinhamento se torna impossível e consequentemente a entrega é comprometida.

Toda empresa é como um grande festival em que todos são absolutamente corresponsáveis pela entrega da experiência do todo. Não adianta a Beyoncé fazer um show incrível no palco principal se o atendente de uma lanchonete servir com mau humor um sanduíche congelado; a experiência de todo o festival ficará comprometida. O líder deve promover o senso de resultado coletivo, pois ninguém consegue dar conta de tudo sozinho. Mas esse discurso só se torna realmente relevante se as pessoas sentirem que isso é verdade na prática.

HARD SKILLS X SOFT SKILLS X INNER SKILLS

Há uma máxima no mercado que diz que as empresas contratam as pessoas pelas hard skills, ou seja, pelas habilidades técnicas, e as demitem

---

[51] BISCHOFF, W. Segundo o IBGE, 69% dos municípios brasileiros têm até 20 mil habitantes. **G1**, 28 jun. 2023. Disponível em: https://g1.globo.com/economia/noticia/2023/06/28/censo-do-ibge-5percent-das-cidades-brasileiras-concentram-56percent-da-populacao.ghtml. Acesso em: 15 ago. 2024.

pelas soft skills, as características comportamentais. Acredito que, nos dias de hoje, não exista (ou não deveria existir) mais nenhuma empresa que não se preocupe em avaliar as habilidades comportamentais de um futuro candidato, independentemente da posição que ele for ocupar.

Entretanto é necessário dedicar cada vez mais atenção a uma terceira habilidade fundamental nos talentos da equipe, em especial quando almejamos um time engajado e com alta capacidade de automotivação. Estamos falando de inner skills ou habilidades internas.

Se as hard skills definem nossa habilidade e nosso conhecimento técnico para desempenhar as atividades e as soft skills, nossas competências para lidar com outras pessoas, as inner skills definem nossa capacidade de lidarmos com nós mesmos. Vivemos em um momento extremamente desafiador em nossa sociedade, enfrentando uma epidemia de doenças relacionadas à saúde mental, como ansiedade e depressão. Os profissionais com maior habilidade em lidar com esses desafios sem dúvida possuem maiores índices de automotivação, produtividade e consequentemente maior capacidade de gerar resultados para a empresa. Não é à toa que práticas de bem-estar, yoga, mindfulness e meditação vêm ganhando cada vez espaços maiores nas agendas corporativas. Parece um tanto óbvio, mas estar bem consigo mesmo é o primeiro passo para o bom desempenho de qualquer atividade profissional e o consequente desenvolvimento da sua carreira. A jornada do autoconhecimento e até mesmo a busca por uma maior espiritualidade (que nada tem a ver com religião) é determinante para a construção de um ambiente de paz interior que pavimenta a possibilidade de lidar de maneira mais equilibrada com os problemas exteriores.

As inner skills são aquelas promotoras do equilíbrio (o E. de nosso framework) entre as habilidades comportamentais; as soft skills são responsáveis pela conexão com as pessoas (o C. de nosso framework); e as hard skills são as habilidades técnicas que orientam a execução de nossas atividades (o O. de nosso framework). É preciso conectar, equilibrar e orientar utilizando essas três dimensões de habilidades.

Construindo um time alinhado à visão **139**

Grupo de habilidades	Hard skills	Soft skills	Inner skills
O que são	Habilidades técnicas e específicas para a execução de determinada atividade. Envolvem o domínio de processos, protocolos e ferramentas. Exemplos: programação, domínio de softwares, análise matemática etc.	Habilidades de característica interpessoal. São ligadas a nossos comportamentos com os demais. Exemplos: comunicação, trabalho em equipe, adaptabilidade, negociação etc.	Habilidades de característica intrapessoal têm a ver com a maneira que cada um se relaciona consigo mesmo. Exemplos: autoestima, autoconfiança, autodisciplina, gestão do tempo etc.
Como desenvolvemos	Geralmente, aprendidas a partir de treinamento formal. Elas dependem principalmente de orientação técnica.	São desenvolvidas a partir do autoconhecimento e da prática por meio de experiências.	Aqui, estamos falando definitivamente de uma jornada de autoconhecimento. É uma escolha bastante individual.
Como mensuramos	A aplicação pode ser acompanhada de maneira bastante concreta. É uma análise objetiva: ou a pessoa sabe ou não sabe executar aquela determinada tarefa.	Por serem habilidades mais subjetivas, a mensuração é acompanhada especialmente pela observação de como uma pessoa se relaciona com o entorno, processos de feedbacks, indicadores de performance relacionado a soft skills (como um profissional assumir o desafio de liderar um projeto).	As inners skills são mensuradas, ou melhor, percebidas de maneira individual. Embora possamos ver o reflexo dessas habilidades no comportamento, é no interior de cada indivíduo que está a resposta, se estamos conseguindo lidar com nossas emoções e seguir rumo aos nossos objetivos pessoais.

O grande desafio em um momento de contratação é a dificuldade de identificar corretamente o potencial de um futuro colaborador em cada uma dessas três dimensões. As competências técnicas são as mais fáceis de se observar, seja aplicando testes práticos ou até mesmo analisando o portfólio e as realizações anteriores daquela pessoa. Já a segunda e a terceira dimensões, que refletem as habilidades comportamentais e internas, demandam um pouco mais de experiência para serem observadas e exigem provocações mais específicas em testes ou entrevistas individuais, com o objetivo de identificar como o profissional se comporta em determinadas situações. Ainda assim, sabemos que é praticamente impossível replicar as condições reais de um ambiente profissional em um breve e primeiro contato. Então, o mais importante é estabelecer nesse momento um diálogo aberto, franco e com clareza de expectativas para que tanto profissional quanto empresa saibam o que esperar de ambos os lados.

A ideia aqui não é detalhar ou indicar as melhores técnicas ou ferramentas de recrutamento que garantirão o sucesso de sua escolha – e eu nem seria o melhor especialista no assunto –, porém o que posso compartilhar com minha experiência é que grande parte do sucesso em um processo como esse acontece antes mesmo da primeira entrevista ou até mesmo antes da análise do primeiro currículo. Assim como um bom líder deve dedicar tempo ao planejamento das atividades de uma empresa, você deve dedicar o mesmo cuidado no planejamento da construção de uma nova vaga, fazendo um trabalho prévio e minucioso daquilo que é necessário e esperado da pessoa que vai preenchê-la. Isso facilita o entendimento das expectativas por parte de quem deve apoiá-lo nesse processo de escolha – um recrutador, por exemplo – e principalmente indica para aquelas que vão participar do processo tudo aquilo que se espera delas, trazendo a transparência necessária e evitando futuras frustrações para os dois lados.

Para cada posição em aberto, geralmente começamos por estabelecer as responsabilidades do cargo e as habilidades técnicas (hard skills) e comportamentais (soft skills) esperadas que aquela pessoa a ser analisada tenha:

Responsabilidades	Conhecimento prévio necessário (hard skills)	Atributos comportamentais (soft skills)
Quais são as entregas esperadas – de modo que o colaborador possa trazer a própria proposta de como realizá-las.	Para as responsabilidades atribuídas, identificamos quais são os conhecimentos essenciais para a posição, considerando o nível de senioridade esperado.	Quais são as atitudes e a maneira de se relacionar com o restante do time que esperamos para alguém que ocupe a posição.

LÍDER DESENVOLVEDOR

O que fazer com a tão importante terceira dimensão de habilidades de um colaborador, as inner skills? Essa é a beleza do papel de um líder. Diferentemente das habilidades técnicas, que podem ser treinadas, e das habilidades comportamentais, que na maioria são inerentes à pessoa, as habilidades internas podem ser potencializadas e desenvolvidas pelos líderes que se comprometem em exercer o papel de mentores na jornada de autoconhecimento e desenvolvimento dos liderados. Afinal, o que esperamos de um líder não é produzir mais seguidores, e sim desenvolver mais líderes.

Uma pesquisa feita pela McKinsey[52] identificou três práticas que contribuem de maneira significativa para que as pessoas tenham alto desempenho:

- Atuação do líder como um mentor e coach, por meio de feedbacks constantes;
- Evidenciar como os objetivos do trabalho se relacionam com as prioridades da empresa;
- Compensação diferenciada.

Em 2014, o ator americano Jim Carrey recebeu o título de Doutor Honoris Causa da Universidade de Maharishi, Iowa, nos EUA, e realizou

---

[52] SCHANINGER, B. Straight Talk About Employee Evaluation and Performance Management. **McKinsey**, 30 out. 2018. Disponível em: https://www.mckinsey.com/capabilities/people-and-organizational-performance/our-insights/straight-talk-about-employee-evaluation-and-performance-management. Acesso em: 15 ago. 2024.

também um discurso para os formandos. O discurso completo é absolutamente inspirador, e há um trecho que eu acredito que se conecta perfeitamente com a reflexão sobre a importância dessa descoberta de nosso poder transformador que vem de dentro (nossas inner skills) para fora:

> *Eu costumava acreditar que quem eu era terminava no limite da minha pele, que me foi dado este pequeno veículo chamado corpo, a partir do qual experimentar a criação. [...] Aí eu aprendi que tudo que estava fora do veículo fazia parte de mim também.*[53]

Se você é um leitor que, como eu, é fã de quadrinhos ou filmes de super-heróis, deve se lembrar de um momento emblemático dos filmes do Homem-Aranha em que o tio Ben fala a seguinte frase para Peter Parker, o sobrinho dele que acabava de descobrir os poderes que tinha: "Junto com grandes poderes vêm grandes responsabilidades". Eu gosto de pensar isso também acerca da liderança, pois o que fazemos e representamos como líderes não deve ser apenas sobre nós. Quando nos tornamos líderes, junto com toda carga de responsabilidade, adquirimos também "superpoderes" que nos permitem inspirar e gerar transformação na vida de outras pessoas. Desenvolver novas lideranças é um belo propósito, digno de super-herói.

Tenho certeza de que a esmagadora maioria dos CEOs ou altos executivos de sucesso podem, como eu, apontar ao menos uma pessoa que, formal ou informalmente, atuou como um mentor experiente no próprio processo de evolução. Além de um enorme sentimento de gratidão, isso nos desperta a necessidade de retribuir em algum momento, como em um círculo virtuoso, apoiando novas e futuras gerações de líderes. Então, não se intimide em se aproximar daquela pessoa que o inspira e que acredita que seja um exemplo e possa contribuir para seu desenvolvimento como um líder. Mesmo que não possuam uma relação próxima ou formal de trabalho, não hesite em demonstrar seu interesse na potencial mentoria ou ao menos

---

[53] JIM Carrey 2014 MIU Graduation. 2014. Vídeo (26min09s). Publicado pelo canal Maharishi International University. Disponível em: https://www.youtube.com/watch?v=V80-gPkpH6M. Acesso em: 15 ago. 2024.

uma troca rápida como orientação. Você certamente se surpreenderá. Por mais que sejam pessoas ocupadas e aparentemente distantes, em geral elas estão também abertas e ávidas para poder estender a mão como foi feito um dia com ela por alguém que também observou o potencial delas.

SÓ EXISTEM DUAS MANEIRAS DE MOTIVAR AS PESSOAS...

Uma vez convidamos o Bernardinho, famoso técnico multivitorioso da seleção brasileira de vôlei, para falar a nosso time durante uma semana de preparação pré-festival. Ele sem dúvida é um dos maiores líderes do esporte, cuja especialidade é construir e motivar times de alto desempenho na busca de resultados extraordinários. E foi nesse contexto que ele dividiu várias lições conosco, sendo uma das maiores reflexões justamente sobre motivação.

Ele disse que, depois de décadas treinando centenas de atletas de alta performance, concluiu que só existem duas maneiras de motivar alguém a buscar um desempenho extraordinário. A primeira é pela necessidade. Ele disse que treinou vários atletas de origem extremamente humilde que estavam ali batalhando por um prato de comida e que buscavam, por meio daquela oportunidade de treinar com ele, a possibilidade de se tornarem atletas profissionais e construírem uma melhor condição financeira para as famílias deles. Eles não reclamavam das infinitas horas de treino ao longo dos sete dias da semana, acordando cedo, nem de todo esforço necessário, mesmo quando estavam doentes: tudo para suprir a necessidade de "dar certo".

O treinador falou que também existiam aqueles atletas que já tinham atingido certo nível na carreira, jogando em times da Europa com salários astronômicos, fazendo comerciais de televisão e já com um alto padrão de vida estabelecido, no qual a necessidade financeira não era mais um motivador para aquelas eternas horas de sacrifício demandadas na rotina esportiva. E aí ele mencionou que, quando não existe mais a necessidade, a outra única maneira de motivar esses atletas é o propósito. Se um atleta já tinha conquistado um campeonato mundial, era a hora de motivá-lo com o propósito olímpico. Se ele já tinha conquistado uma medalha de prata nas Olimpíadas, era o propósito do ouro. Se ele já fizesse parte da pequena elite que possui um ouro Olímpico, era preciso criar nele o propósito de ganhar outras medalhas de ouro e se tornar o maior atleta medalhista da modalidade e garantir o legado para futuras gerações. Enfim, trata-se daquilo que já falamos no domínio do propósito: um líder precisa despertar nos liderados a conexão pelo porquê.

O que Bernardinho deduziu empiricamente ao longo da própria carreira, em 2022 a McKinsey conseguiu constatar por meio de uma pesquisa. O estudo pretendia identificar o que mais atraía ou desengajava os profissionais no atual contexto econômico e com todas as discussões atuais a respeito do trabalho.[54] A partir dos dados coletados, eles organizaram uma matriz com os principais fatores que promovem atração e retenção e aqueles que causam atrito:

---

[54] DE SMET, A. *et al.* The Great Attrition is making hiring harder. Are you searching the right talent pools? **McKinsey&Company**, 23 jul. 2022. Disponível em: https://www.mckinsey.com/capabilities/people-and-organizational-performance/our-insights/the-great-attrition-is-making-hiring-harder-are-you-searching-the-right-talent-pools. Acesso em: 15 ago. 2024.

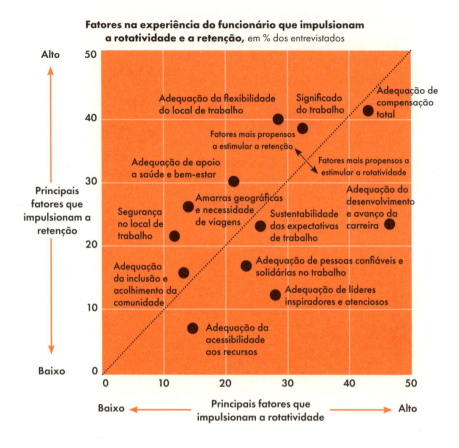

Como principal conclusão, os especialistas identificaram que os maiores fatores de atração e retenção nas organizações são justamente a compensação financeira (necessidade) e a percepção de sentido e pertencimento no que fazem (propósito). O mais curioso é que, ao analisar o gráfico, observamos que embora esses dois fatores tenham praticamente a mesma relevância de retenção, o propósito é um gerador de atrito muito menor que a remuneração. Ou seja, o líder não deve ignorar os componentes de uma remuneração adequada e estimulante, porém o propósito possui igual valor de motivação, mas potencialmente com muito menos arestas para retenção e engajamento.

LIDERAR PARA GERAR SINERGIA

Motivar o time exige, portanto, uma atuação próxima dos líderes. Não é só trazer metas e estabelecer políticas de remuneração justas e atreladas a performance – embora em momento algum eu esteja diminuindo a relevância desses fatores. Para que possam desenvolver e estimular o crescimento das pessoas da equipe, orientando-as para que todas as competências (técnicas, sociocomportamentais e internas) sejam potencializadas na realização de grandes conquistas, há outras expectativas às quais os líderes devem atender.

No gráfico a seguir podemos observar, por exemplo, outros sete componentes aos quais devemos estar atentos na gestão do time para além da remuneração: comunicação clara e transparente, feedbacks constantes e estruturados, treinamento, delegação e flexibilidade são elementos fundamentais para manter o time engajado.

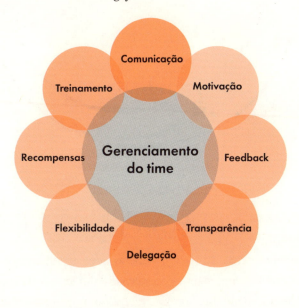

Como você deve ter percebido, a maioria desses elementos está relacionada a uma boa comunicação entre você e seu time. E talvez esta seja uma das grandes habilidades necessárias para uma boa liderança: estabelecer uma comunicação permanente que promova sinergia entre todos, por maior que seja a equipe.

É impossível que o CEO esteja em todas as pontas do negócio, porém é responsabilidade dele construir uma cadeia de comunicação que faça com que a cultura, os valores e os objetivos do negócio fluam por toda a organização e que as lideranças das equipes estejam aptas a propagar a mesma visão. Quando as pessoas estão integradas, a comunicação flui.

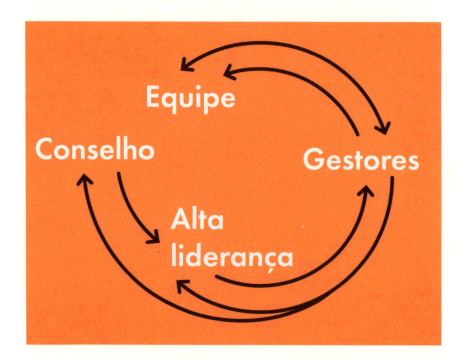

DESENVOLVA SUA HABILIDADE NA GESTÃO DE PESSOAS POR VOCÊ

Independentemente de você já ser um líder experiente com anos de atuação à frente de grandes times ou se você é um leitor que está se preparando para liderar alguém pela primeira vez, saiba que em ambos os casos todos temos algo em comum.

A prática de gestão de pessoas, algo que tratamos ao longo deste capítulo (o famoso *quem?* de nosso framework), começa e termina com uma boa prática de liderança consigo mesmo.

Pratique olhar para si, tente identificar suas hard, soft e inner skills e re-flita sobre quais delas estão amadurecidas para a missão que tem em mãos. Em quais dimensões você também precisa se desenvolver para mentorar, apoiar e se comunicar melhor com seu time? Afinal, você pode mudar de empresa ou mudar seus times, mas ao longo de toda sua carreira, no hoje tão falado e debatido *lifelong learning,* algo não irá mudar: o seu compromisso como líder do desenvolvimento permanente de alguém muito especial: você mesmo.

11

COLOQUE ESTRATÉGIA NA OPERAÇÃO

You can throw your hands up
Você pode jogar as mãos para cima
You can beat the clock
Você pode bater o relógio
You can move a mountain
Você pode mover a montanha
You can break rocks
Você pode quebrar pedras
You can be a master
Você pode ser um mestre
Don't wait for luck
Não espere pela sorte
Dedicate yourself and you can find yourself
Dedique-se e você vai se encontrar
Standing in the hall of fame
De pé no corredor da fama

Standing in the Hall of Fame[55]
The Script

---

[55] STANDING in the Hall of Fame. Intérprete: The Script. *In*: 3. Dublin: Sony Music, 2012.

> *"Uma pessoa comum maravilha-se com coisas incomuns;*
> *um sábio maravilha-se com o corriqueiro."*
> **Confúcio**[56]

C. E. O.

C.E.O. MINDSET	CONECTAR	EQUILIBRAR	ORIENTAR

AMBIVALÊNCIA DA LIDERANÇA

		CONECTAR	EQUILIBRAR	ORIENTAR
TEMPO		LONGO PRAZO ▶	AGORA ◀	CURTO PRAZO
ATUAÇÃO		PALCO ▶	COOPERAÇÃO ◀	BASTIDORES
MOTIVAÇÃO		SONHAR ▶	CORAGEM & ANTIGRAFILIDADE ◀	FAZER
DOMÍNIOS		VISÃO O QUÊ? COMO? QUEM? ▶	PROPÓSITO POR QUÊ? ◀	RAZÃO QUANDO? ONDE? QUANTO?

INDICADORES AMBIVALENTES (KPIS)	KEY PEOPLE INDICATORS ▶	KEY PURPOSE INDICATORS ◀	KEY PERFORMANCE INDICATORS

---

[56] GIANNETTI, E. **O livro das citações**. Edição do Kindle. São Paulo: Companhia das Letras, 2008. p. 75

PLANEJAMENTO E OS DOMÍNIOS DA RAZÃO

Como já deve imaginar, pensando na ambivalência dos domínios da liderança apresentados em nosso framework, a liderança eficaz não é apenas uma questão de inspirar e motivar a equipe no território da visão. Trata-se de fazer também as perguntas certas e necessárias em um outro território igualmente fundamental para o desempenho da empresa: o território da razão, por meio do qual planejamos todos os aspectos mais pragmáticos da gestão.

Como cada negócio tem características operacionais muito próprias, não abordarei em profundidade neste capítulo aspectos técnicos específicos que um líder deve observar na gestão. Pelo contrário, abordarei os aspectos comuns que considero importantes na condução de qualquer empresa, aqueles que todas as lideranças deveriam observar enquanto viabilizadoras da operação.

No domínio da razão de nosso framework (ligado ao O. de Orientar), definimos as outras três perguntas igualmente fundamentais para apoiar o líder no lado da atuação como responsável por direcionar a execução das atividades da empresa: *quanto?*, *onde?* e *quando?*. Essas perguntas guiam os líderes na identificação de oportunidades de inovação, no planejamento estratégico e na alocação de recursos, e vamos explorar juntos como cada uma delas pode transformar a maneira como conduzimos nossas empresas.

QUANDO: O PLANEJAMENTO ESTRATÉGICO

A primeira pergunta, *quando?*, é fundamental para definições importantes para o planejamento estratégico das empresas. A partir de um futuro desejável apontado originalmente pela visão de futuro, é preciso estabelecer um plano de realização de cada etapa necessária para a construção dela. Saber quando lançar um produto, quando entrar em um novo mercado ou quando realizar uma mudança organizacional pode determinar o sucesso ou o fracasso de uma iniciativa.

Quantas vezes não vemos um produto certo, com uma proposta de valor potencialmente adequada para o resolver problemas de um cliente, que não se estabelece por estar entrando no mercado muito tarde ou até muito cedo?

A empresa General Magic foi uma delas – a história virou até um filme, em 2018, com o mesmo nome.[57] Nele, vemos a história dessa empresa que, no final dos anos 1990, desenvolveu o primeiro hardware que tinha funções como ouvir músicas, assistir a programas e até tirar fotos, naquilo que seria o precursor dos smartphones que revolucionaram nossa maneira de nos relacionarmos com tudo e com todos, por meio da tecnologia embarcada nesses aparelhos. A empresa quebrou e o produto foi descontinuado por uma simples razão: era cedo demais para se estabelecer como um produto de interesse para uma comunidade que iria para além da comunidade tech. Hoje sem dúvida poderia ser uma das empresas mais valiosas do planeta como a Samsung e a Apple.

ONDE: O PLANEJAMENTO DOS TERRITÓRIOS DE INOVAÇÃO

A segunda pergunta, *onde?*, ajuda os líderes a mapearem territórios de inovação. Identificar onde a empresa pode inovar é crucial para se manter competitiva. Para responder a essa pergunta, é necessário observar tanto o ambiente interno quanto o externo.

Podemos imaginar Jeff Bezos, fundador da Amazon, em algum momento perguntando-se "Onde?" quando buscava novas oportunidades para além do comércio eletrônico, no momento em que somente o negócio original pelo qual a empresa, além da fama, ganhou escala de clientes, mas que por si só não eram suficientes para que a organização operasse de maneira lucrativa. A resposta a essa pergunta levou à criação da Amazon Web Services (AWS), que se tornou um dos principais braços de inovação da empresa. A pergunta "Onde?" permitiu identificar um novo território de inovação, que era radicalmente diferente do produto e da aparente proposta de valor original da empresa, mas com o qual havia sinergia operacional. Além disso, aproveitava capacidades internas da empresa, possibilitando novas entregas de proposta de valor que não estavam no radar original da empresa nem no da concorrência.

---

[57] GENERAL MAGIC. Direção: Sarah Kerruish, Matt Maude. EUA: Spellbound Productions, 2018. Vídeo (93 min).

QUANTO: O PLANEJAMENTO DE RECURSOS

Finalmente, a pergunta *quanto?* diz respeito ao planejamento dos recursos necessários – orçamento, tempo e pessoal – para serem alocados em cada projeto. Talvez seja a pergunta mais pragmática quando se pensa em planejamento, pois é a pergunta base para gestão e otimização de projetos. Como poderemos ver mais adiante, ela também é fundamental para a definição de investimentos que poderão resultar em inovação.

Em linhas gerais, podemos resumir com o quadro a seguir que, no domínio da razão, o líder deve fazer três perguntas que o auxiliam no planejamento de execução:

C.E.O. MINDSET APLICADO AO DOMÍNIO DA RAZÃO

Domínio da razão	Quando?	Onde?	Quanto?
Papel do líder Agir como um catalisador da realização. A partir de uma direção estratégica bem definida, habilita a organização para as decisões táticas e inovações que deve seguir. Compartilhar com os liderados os objetivos por trás de cada projeto para que a pavimentação do caminho concreto a ser construído seja percebida como necessária para o alcance da visão do negócio.	**Estratégia** Orienta os tempos e movimentos necessários e qual abordagem será usada para o alcance da visão. Aqui, tem a ver com um olhar de melhoria contínua do negócio. Não se contentar com os resultados já alcançados.	**Inovação** Indica os territórios que deverão ser foco e as novas abordagens para os esforços. Quais são as oportunidades de inovação: • No jeito de realizar as entregas atuais (produtos ou serviços); • Na maneira de conduzir as relações estratégicas (novos parceiros e tecnologias); • Na abertura de novas frentes do negócio.	**Recursos** Indicam e mensuram quais e quantos recursos (financeiros, materiais etc.) deverão ser aportados para o alcance dos objetivos finais. Definição dos grandes números que suportam a tomada das decisões, colocando de maneira muito objetiva o que é necessário e o que quer alcançar nas últimas linhas do balanço e aquilo que deve ser visto como custo ou investimento.

154 C.E.O. – Conectar, Equilibrar, Orientar

CRIE UM PLANEJAMENTO QUE FAÇA SUA PROPOSTA DE VALOR "VOAR"

Quero iniciar esta conversa trazendo um exemplo (e uma reflexão) vindo do contexto em que atuo. Quando falamos sobre as decisões mais pragmáticas de operação, espera-se de um líder a busca pelas opções mais seguras e que mobilizem menos recursos para obtenção dos resultados esperados, pois é o que se espera de um time de alto desempenho: a realização de um trabalho de excelência e com otimização de custos e recursos. Isso é verdade na maioria dos casos, entretanto algumas vezes um líder precisa saber conduzir o time na travessia de caminhos operacionalmente mais incertos e que, inclusive, consumam mais recursos, mas que, por meio da inovação, vão mobilizar o negócio para um caminho estratégico de crescimento para fora da zona de conforto. Mais uma ambivalência necessária para ser administrada por um bom líder: planejar com segurança e otimização de recursos por meio dos caminhos previsíveis e planejar a inovação que inicialmente traz maior imprevisibilidade e investimento de recursos para a construção de novos caminhos.

Na edição do Rock in Rio de 2019, em determinado momento optamos por seguir pelo segundo caminho e tivemos a oportunidade de realizar um dos shows mais emblemáticos do festival: a apresentação acrobática da artista norte-americana P!nk. Foram quase duas horas de show que já seriam por si só fantásticas, e em um *grand finale* a cantora sobrevoou a plateia de cem mil pessoas, em um ambiente ao ar livre, cantando uma das músicas mais aclamadasdela: "So what". Foi algo realmente inesquecível!

Para que entendam o contexto das decisões técnicas por trás da gestão operacional de um festival, é importante reconhecer os desafios logísticos e operacionais envolvidos. Existem duas maneiras de planejar a realização de um show, considerando fatores como trocas de palco rápidas, tempo limitado de apresentação, zonas de carga e descarga limitadas e uma série de restrições que nos impedem de atender às peculiaridades específicas que cada artista gostaria de ter nas apresentações. Essas condições levam a duas abordagens distintas no planejamento da execução:

- Opção 1: disponibilizar uma lista padrão de equipamentos fornecidos pelo festival, com formatos, fornecedores e materiais

Coloque estratégia na operação **155**

específicos. Esses itens podem ser complementados por demandas limitadas do artista, que são essenciais para a apresentação. Afinal, espera-se que o festival e o artista por si só já atraiam o público independentemente da estrutura específica da apresentação. Esse método proporciona um orçamento mais previsível e planejável, além de reduzir riscos de conflitos ou sobreposições de equipamentos durante as trocas de palco. Assim, se um artista deseja realizar um show acrobático, ele poderia ser convencido de que, devido às limitações do festival, isso não seria possível, e, então, limitam-se alguns dos recursos usuais da apresentação para efeito de uma otimização no planejamento e execução.

- Opção 2: basear-se em uma pergunta: o que nossos clientes nunca viveram em um festival? Aqui, é claro que, respeitando todos os protocolos de segurança, é necessário estabelecer outra ótica de planejamento, em que o foco é viabilizar a inovação, mesmo que isso nos trouxesse novos desafios operacionais, potencialmente mais recursos investidos e algum grau de risco na execução artística devido ao fator inovação – de aquilo nunca ter sido feito antes em um ambiente de festival como o nosso. E por isso mesmo seria algo inesquecível, contribuindo muito para a entrega de nossa proposta de valor para nossos clientes.

Ao contratar a P!nk para o festival com mais de um ano de antecedência, sabíamos dessa possibilidade de realizarmos no espetáculo aéreo algo que nunca tínhamos feito, e com isso havia a oportunidade de entregarmos nossa proposta de valor para o cliente: uma experiência inesquecível. Sendo assim, fazê-la voar não era uma opção, tornou-se um compromisso que levou um ano de planejamento para descobrirmos como tornar realidade.

Investimos em uma baita estrutura de aço, a mesma que já tinha sido usada pelo Cirque Du Soleil nas apresentações acrobáticas deles, para garantir a segurança da P!nk durante toda a apresentação. Tínhamos entre membros de nossa equipe, de nossos fornecedores e da artista, mais de cinquenta pessoas para acompanhar esse momento do show, focados para que tudo desse certo enquanto ela navegava por dois sistemas: uma plataforma conectada a dois guinchos em forma de T, que era presa por um sistema de roldanas acoplado a uma base giratória que era contínua entre as torres de som afastadas do palco e que cobriam de forma aérea quase integralmente a zona de público; e um outro sistema de cabos, com motores sincronizados, que permitia o deslocamento dela sobre o público.

É importante dizer que não se tratava apenas de enfrentar desafios operacionais e assumir riscos para a realização daquele momento do espetáculo, e sim mobilizar todo um novo planejamento na cenografia, montagem de palco, figurino e iluminação, tudo para que fosse possível criar uma experiência inesquecível para as pessoas que estariam ali conosco e as milhões que estariam acompanhando a transmissão.

Roberto Medina, criador do Rock in Rio, disse em uma entrevista que "Uma coisa não substitui a outra. A luz não substitui a cenografia. A tecnologia não substitui a emoção. O virtual não substitui o real. Elas têm que se somar!",[58] e eu concordo totalmente. **Quando colocamos a inovação nesse lugar de servir ao propósito do negócio e impulsionar nossa proposta de valor, colocamos nossos esforços na direção certa, entendendo o motivo pelo qual optamos por essa ou aquela iniciativa.**

PLANEJAMENTO DE INOVAÇÃO A PARTIR DA EXPERIÊNCIA E DA JORNADA DO CLIENTE

Se buscarmos na internet a definição de inovação, chegaremos a algo muito próximo do seguinte conceito: é o processo de criar algo novo ou melhorar algo existente, por meio do desenvolvimento de novas ideias, produtos, serviços ou métodos que ofereçam valor ou soluções para determinados problemas.

Vários gestores acreditam que o caminho da inovação passa pela observação das novas tecnologias existentes e de como elas podem ser aplicadas no negócio de maneira transformadora. Veja que, na definição do parágrafo anterior, a palavra "tecnologia" nem é mencionada,

---

[58] RIVETTI, G. Hack'n'Roll: entrevista com Roberto Medina, idealizador do Rock in Rio e The Town. **Fast Company Brasil**, 29 set. 2023. Disponível em: https://fastcompanybrasil.com/coluna/hacknroll-entrevista-com-roberto-medina-idealizador-do-rock-in-rio-e-the-town/. Acesso em: 15 ago. 2024.

e sim as palavras "soluções" e "valor". Então você deve estar se perguntando qual é o melhor caminho para identificar oportunidades de inovação em seu negócio, e a melhor resposta que consigo encontrar é: por meio da observação da experiência da jornada de seu cliente. Em cada ponto de interação de sua empresa com esses clientes, seja em compras, marketing, vendas ou serviço de atendimento ao cliente, existe uma possibilidade de atuação positiva ou negativa que poderá alterar a percepção de valor do cliente na experiência com seu negócio. É nessa jornada do cliente, resultante de todas essas interações durante todo percurso do relacionamento, que várias oportunidades de inovação poderão ser geradas.

Entenda que por cliente não falo somente daquele que compra o seu produto ou serviço, e sim de todos os stakeholders que também têm jornadas de relacionamento com a empresa:

Colaboradores: toda jornada dos colaboradores com a empresa. Hoje é um grande foco nas áreas de recursos humanos ou talentos das empresas compreender todos os pontos de relacionamento dos colaboradores: contratação, onboarding, treinamentos, promoções e até desligamento, de modo que a experiência positiva deles na empresa os torne os primeiros embaixadores da marca.

Investidores: toda jornada de relação dos investidores com a empresa investida. Das apresentações financeiras e estratégicas periódicas a elaboração dos relatórios compartilhados, comunicações em momentos importantes de crise ou celebrações, todos eles podem e devem ser vistos como experiências que contribuam para a confiança e o suporte contínuo na empresa.

Parceiros de negócio: a jornada de relacionamento com seus fornecedores, patrocinadores ou qualquer outro parceiro estratégico. Um olhar sobre o que é relevante para cada um deles em todos os pontos de contato com sua empresa, da primeira reunião ao fechamento de contrato e posteriormente todos os pontos de relacionamento que fazem com que eles se sintam parte do negócio, além de contribuírem para o sentimento de pertencimento e integração a sua empresa e consequentemente um ambiente mais propício à inovação.

MOMENTO ALAVANCADOR DE MEMÓRIA – UM PORTAL PARA INOVAÇÃO POR MEIO DA EXPERIÊNCIA

Se a jornada de experiência de um cliente é definida por dezenas (às vezes centenas) de microatividades que podem ser observadas na relação com seu negócio, como escolher aquelas que são relevantes e passíveis de ser foco de atenção para a construção da inovação? Para auxiliá-lo nessa missão, eu defini um conceito que apelidei de Momento Alavancador de Memória, ou simplesmente MAM. Ele define momentos-chave na jornada de interação entre a empresa e os stakeholders e que permitam criar experiências marcantes e inovadoras.

O MAM é um momento que carrega em si um potencial de geração de memória positiva, por trazer uma simbologia de transformação. São aqueles momentos únicos, especiais. No caso dos negócios, queremos que a experiência dos clientes seja igualmente marcante, então vamos usá-lo como analogia para nos apoiar nessa jornada de inovação.

Acredite: algo só é capaz de efetivamente ser marcante na interação entre um cliente e uma empresa quando esta é capaz de fazer uma entrega que não estava dentro da expectativa originaldo cliente. Ninguém se surpreende quando um lanche pedido em um fast-food é servido na temperatura aquecida ideal: esse é o esperado para aquela interação. Para impactar a experiência do cliente, é necessário que aconteça algo que impacte positiva ou negativamente de modo diferente do que seria a expectativa original. Uma experiência positiva de baixo impacto é capaz de supreendê-lo, e uma de alto impacto pode gerar uma memória transformadora. Da mesma maneira, uma experiência de baixo impacto, porém negativa, é capaz de gerar uma memória de decepção no cliente; e uma de grande impacto e negativa pode acabar por uma ruptura na relação do cliente, com ele abandonando sua marca.

Para exemplificar como um MAM pode ser utilizado como campo para a inovação, vamos pensar em uma empresa de tênis esportivos. Imagine que essa empresa conseguisse identificar, por meio de uma análise na postagem das redes sociais de milhões de clientes, quando um deles postou um vídeo no dia emblemático dos primeiro passos do filho (definitivamente um MAM) e, a partir desse conhecimento, estabelecesse um contato por mensagem afirmando que ela gostaria de estar presente em todos os outros futuros passos da vida dele de alguma maneira. E mais: afirmaria que, na compra de todos os futuros tênis da marca, eles viriam com um QR Code no solado que apontariam para aquele vídeo "fofo" dos primeiros passos dele, que seriam eternizados em todos os futuros produtos, lembrando-o de "sempre caminhar pela vida como uma criança". Essa seria uma história que o pai contaria para o filho a respeito do crescimento dele, já fidelizando o potencial futuro cliente, uma potencial primeira compra de um tênis de bebê com o QR Code (que seria guardado eternamente como lembrança). Ele também potencialmente comentaria com os amigos para que registrassem em vídeo os primeiros passos dos filhos e também participassem dessa ação. É um produto entrando em um momento especial da vida de qualquer pessoa, sendo relevante na entrega de algo que não era esperado.

Podemos pensar em outro exemplo de inovação a partir de uma experiência criada ao observar outro MAM em um tipo de serviço usual: um banco que oferece um empréstimo para um cliente realizar a compra da tão sonhada casa própria.

É claro que o momento em que o empréstimo é concedido, possibilitando a realização do sonho da casa própria, é definitivamente um MAM. Nesse momento, o banco manda uma carta linda, provavelmente com um chaveiro para colocar as chaves do novo apartamento (na esperança de que alguém vá utilizar aquele chaveiro para o resto da vida), querendo participar de alguma maneira daquela memória. Indo mais à fundo nas oportunidades de observação da jornada do cliente, o momento de contratação do empréstimo é só o início de uma jornada de possivelmente outros dez ou mais anos de pagamento mensal de prestações e geração de resultado para o banco. Aos olhos pouco treinados para a jornada da experiência, a maioria dos gestores de banco não observa que o final do empréstimo, o pagamento da última parcela, é um momento igualmente importante (MAM) ou até mais que o primeiro. E, assim, deixam passar essa oportunidade de construção de experiência ao término da jornada do cliente com o produto.

Agora imagine se você fosse um cliente especial de um banco e que, ao término de quase dez anos de pagamento regular das 120 parcelas de financiamento, no mês que antecede o pagamento da última parcela, você recebesse em casa uma champagne com um cartão reconhecendo e valorizando seu compromisso e sua responsabilidade de pagamento durante todos aqueles anos. E que, além disso, o banco celebrasse essa realização com um belo presente, isentando o pagamento da última parcela para que você gaste com sua família em comemoração desse momento em que a casa é finalmente só sua. Isso representaria potencialmente um desconto de menos de 0,5% do total do empréstimo pago ao longo dos dez anos e certamente criaria uma conexão para oferecer, por exemplo, um seguro residencial mais completo ou, no mínimo, uma fidelização eterna entre você e o banco.

A EXPERIÊNCIA É A SOMA DOS DETALHES

Em todas as edições, sempre que o Rock in Rio termina, nós fazemos uma coletiva reunindo cerca de 500 jornalistas dos mais diversos veículos de imprensa locais e internacionais. Nesse evento, fazemos um balanço de todos os números importantes daquela edição, apresentando os dados de quantas pessoas compareceram e qual foi o impacto econômico na cidade, por exemplo. Nesse momento, também apresentamos a confirmação da próxima edição que ocorrerá dali a dois anos.

Em uma dessas coletivas, realizadas ao final de um evento em Lisboa, algo inusitado ocorreu quando o presidente do banco que era o principal patrocinador do evento interrompeu a coletiva levantando a mão e perguntando se poderia subir ao palco para fazer algumas colocações. Era algo 100% fora do esperado, pois tipicamente nesses eventos apenas a organização do próprio Rock in Rio ou no máximo o prefeito da cidade se posicionam. Não tínhamos ideia do que ele estava prestes a dizer, então apenas confiamos.

Ele pegou o microfone e disse que, em primeira mão, gostaria de anunciar naquele momento a decisão de renovar o patrocínio para a próxima edição. Foi uma surpresa para todos, inclusive nós, já que ainda não tinham informado o desejo de renovação, muito menos ali, em público, logo ao fim daquela edição. E a surpresa maior foi a justificativa dele na sequência do anúncio: "Decidi anunciar essa renovação logo hoje, mas não pelos números impressionantes apresentados pela organização ou pelo retorno imenso que obtivemos como negócio por meio da visibilidade do nosso patrocínio, nada disso. Nós estamos renovando hoje por conta das florezinhas da Rock Street".

A Rock Street é um dos conteúdos do festival. É uma rua cenográfica, inspirada em um lugar diferente do mundo a cada edição. Nessa rua, colocamos casinhas com ativações dos patrocinadores. O presidente do banco, então, falou que estava renovando pelo cuidado que tivemos ao colocar as flores na Rock Street com o pantone[59] exato da marca do

---

[59] A escala pantone® é um padrão internacional de cores.

banco que ele presidia. Ele ficou muito surpreso com aquilo e terminou por afirmar que um parceiro de negócios como nós, que teve esse cuidado e atenção com a marca dele sem que eles mesmos tivessem conhecimento disso, era um parceiro com o qual ele gostaria, sem dúvida alguma, de se relacionar para sempre e assim anunciou a renovação do patrocínio.

E eu sempre brinco que, se a gente soubesse que esse cuidado com as flores geraria essa renovação, eu teria colocado uma floresta inteira com aquela cor, espalhada por todo o evento! Brincadeiras à parte, isso demonstra que a experiência do cliente é construída pela soma da atenção aos detalhes que nós colocamos em cada edição.

É claro que as flores não eram o único fator para a grande satisfação daquele cliente, assim como a decoração não é suficiente para fazer as pessoas comprarem nossos ingressos. A grande questão é que cada elemento contribui para a experiência construída durante o festival ou durante a jornada dos clientes ao interagirem com sua empresa.

Ainda no caso do Rock in Rio, por exemplo, uma coisa que poucos notam, mas que faz uma grande diferença, são os cabos. Todos os quilômetros de cabos de som, luz, energia e dados de nossos festivais ficam subterrâneos. Literalmente, ninguém os vê, e isso é intencional. Não queremos passar a impressão de que exista um improviso de uma estrutura temporária naquela construção. Queremos a percepção de uma ambientação cuidadosamente criada para que a experiência do público seja de que aquele lugar, apesar de mágico, existe de maneira concreta, e não queremos que nenhum detalhe seja distração para esse sentimento de cuidado na jornada dele.

Poderia dar aqui outros milhões de exemplos, incluindo dezenas de detalhes na construção do banheiro que serve nossos clientes. Você pode estar pensando: "Eu não vejo ninguém comprar o ingresso do Rock in Rio por conta dos cabos ocultos nas tubulações do subsolo". Você está parcialmente certo: não individualmente, mas a soma de todos esses detalhes faz com que nosso cliente tenha uma percepção de que a experiência vivida no festival (a jornada dele) é completamente diferente da de qualquer outro evento do estilo.

MAPEANDO A JORNADA MESMO ANTES DE SE TORNAR CLIENTE

Existe outra maneira bastante utilizada que pode auxiliá-lo no mapeamento das diferentes fases da jornada de um cliente. Em vez da jornada dos momentos de utilização do produto ou serviço, estende-se para as fases de pré-venda até o pós-venda: o famoso *funil de vendas*, que tem como objetivo identificar desde a fase inicial, em que o cliente conhece seu negócio bem antes de considerar se tornar cliente, até as etapas necessárias para sua fidelização após a compra. Além disso, ele permite a identificação das áreas de negócio e os focos de atuação em cada fase, desde a captação até que ele se torne um cliente recorrente, ajudando a direcionar recursos e responsabilidades para cada fase. Hoje, é muito comum vermos essa representação como uma ampulheta:

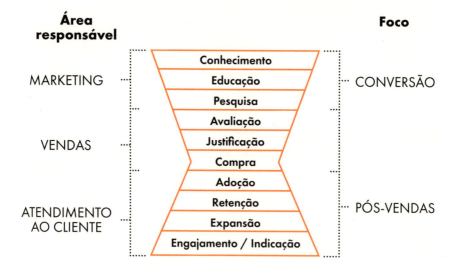

Veja como poderíamos construir a jornada do cliente, bem como as áreas e possibilidades de atuação dele em cada uma das etapas, usando como exemplo um de nossos festivais. Considere que cada uma dessas etapas é uma nova oportunidade de criação de experiência:

Área responsável	Funil ampulheta		Foco
Marketing	Conhecimento Aumentar a visibilidade do festival e atrair a atenção de novos e antigos fãs.	Campanhas de marketing (TV, rádio, redes sociais). Publicidade em plataformas digitais e tradicionais. Participação em eventos e parcerias com influenciadores.	Conversão
	Educação Aumentar a visibilidade do festival e atrair a atenção de novos e antigos fãs.	Publicação de conteúdo sobre a história do Rock in Rio e o impacto cultural dele. Informações sobre os benefícios e diferenciais do festival.	
	Pesquisa Ajudar o público a buscar e encontrar informações detalhadas que influenciem a decisão de compra do ingresso.	O cliente começa a analisar datas do festival, valores dos ingressos, como foram as últimas edições.	
Vendas	Avaliação Fornecer provas sociais e comparativas que ajudem na avaliação positiva do festival.	Depoimentos de outras pessoas que viveram as edições anteriores do festival. Ações de publicidade que mostrar o Rock in Rio como um festival único.	
	Justificação Ajudar o público a justificar a decisão de compra com benefícios claros e suporte adequado.	Benefícios exclusivos e ofertas limitadas para incentivar a compra. Informações claras sobre política de reembolso e segurança. Opções de pagamento facilitadas e suporte durante o processo de decisão.	
	Compra Realizar a venda e garantir que o cliente tenha uma experiência de compra satisfatória.	Venda de ingressos por meio do site oficial e parceiros autorizados. Pacotes VIP e experiências exclusivas. Confirmação de compra com informações claras sobre o evento.	

(continua)

(continuação)

Área responsável	Funil ampulheta		Foco
	Adoção Assegurar que os participantes estejam bem informados e preparados para o evento.	Envio de informações detalhadas sobre o evento após a compra (programação, logística, dicas). Suporte contínuo e canais de comunicação abertos para dúvidas. Promoção de atividades e eventos pré-festival para engajar os participantes.	Pós-vendas
	Retenção Manter o cliente engajado e leal ao festival, incentivando a participação em edições futuras.	Programas de fidelidade e benefícios para compradores recorrentes, como o Rock in Rio Club (programa de assinatura). Envio de conteúdo exclusivo e ofertas para futuras edições do festival.	
Atendimento ao cliente	**Expansão** Expandir o relacionamento com os clientes, oferecendo mais valor e oportunidades de engajamento.	Promover novos produtos ou serviços relacionados ao festival (produtos licenciados, por exemplo). Incentivo à participação em outros eventos organizados pelo Rock in Rio (Lollapalooza, The Town).	
	Engajamento/Indicação Criar um ciclo de engajamento contínuo, no qual os participantes se tornam embaixadores do festival, promovendo-o para novos públicos.	Benefícios para membros do Rock in Rio Club para compra de mais de um ingresso. Fortalecimento de ações de criação de comunidade conectada aos valores do Rock in Rio.	

Você percebe como pode ser simples, mas nem por isso menos inovador, a realização de ações ao longo das diversas etapas da jornada do cliente? Para isso acontecer, é necessária a adoção de processos e sistemas que possibilitem um plano de ação que permita ao público acessar essas oportunidades. Chegou a vez de você refletir se tem os atributos necessários para efetuar um bom planejamento estratégico, de inovação e de recursos para realização das atividades de sua empresa da melhor maneira possível no domínio da razão:

- Você possui sistemas para gerenciamento das informações de seus clientes?
- Você possui todas as etapas da jornada do cliente mapeadas e a maneira como elas se interconectam com as áreas e atividades de seu negócio?
- Você consegue identificar e disponibilizar quais são os recursos necessários para o desenvolvimento de suas atividades regulares, assim como para a criação de novas oportunidades de inovação?
- Você consegue avaliar em quais territórios seu negócio não está presente hoje, mas com os quais há sinergia de atuação a partir da cultura e do conjunto de habilidades de seus colaboradores?

12

APONTANDO PARA OS OBJETIVOS COMUNS

This is ten percent luck
São dez por cento sorte
Twenty percent skill
Vinte por cento habilidade
Fifteen percent concentrated power of will
Cinquenta por cento força de vontade e concentração
Five percent pleasure
Cinco por cento prazer
Fifty percent pain
Cinquenta por cento dor
And a hundred percent reason to remember the name
E cem por cento pela razão de lembrarem seu nome

Remember the Name[60]
Fort Minor

---

[60] REMEMBER the Name. Intérprete: Fort Minor. *In*: THE RISING Tied. Los Angeles: Machine Shop Recordings, 2005.

"Você não pode gerenciar aquilo que não se mede...
mas muitas coisas importantes não podem ser medidas."

W. Edwards Deming[61]

C. E. O.

C.E.O. MINDSET		CONECTAR	EQUILIBRAR	ORIENTAR
AMBIVALÊNCIA DA LIDERANÇA	TEMPO	LONGO PRAZO ▶	AGORA ◀	CURTO PRAZO
	ATUAÇÃO	PALCO ▶	COOPERAÇÃO ◀	BASTIDORES
	MOTIVAÇÃO	SONHAR ▶	CORAGEM & ANTIGRAFILIDADE ◀	FAZER
	DOMÍNIOS	VISÃO O QUÊ? COMO? QUEM? ▶	PROPÓSITO POR QUÊ? ◀	RAZÃO QUANDO? ONDE? QUANTO?
INDICADORES AMBIVALENTES (KPIS)		KEY PEOPLE INDICATORS ▶	KEY PURPOSE INDICATORS ◀	KEY PERFORMANCE INDICATORS

---

[61] DEMING, W. Edwards. **The Essential Deming**: Leadership Principles from the Father of Quality. Compilado por Joyce Orsini. EUA: McGraw-Hill, 2013.

É possível que, ao pensar na gestão de um negócio da indústria criativa, muitas pessoas vislumbrem apenas os aspectos lúdicos e o ambiente descontraído, com certo distanciamento dos aspectos mais pragmáticos de gestão. Porém, como eu sempre digo, aqui levamos a diversão muito a sério. No caso da Rock World, para que cada festival ou projeto aconteça com o impacto e o resultado que esperamos, é necessário um alto grau de comprometimento na execução e uma complexa gestão de negócios, tal como qualquer outra empresa. Até mesmo um festival de música necessita de uma gestão baseada em dados, cronogramas, metas e indicadores que garantam uma trajetória que atinja os objetivos planejados.

É muito comum nas empresas que as metas acabem por assumir um protagonismo tão importante no modelo de gestão que se tornam os objetivos finais do negócio. Em minha concepção, existem abordagens complementares para além de uma mera definição de objetivos. Acredito que tudo deve começar a partir de uma visão de futuro compartilhado desejável e ambicioso alinhada entre todos da equipe e que seja orientada pelo propósito: nosso sonho grande. A partir dessa visão de futuro é que começamos a desenhar o que é necessário para a empresa nos próximos ciclos para atingir nossos objetivos.

As metas não podem ser encaradas como o destino em si, e sim como passos orientadores de uma jornada; e os indicadores são as informações que nos orientarão e dirão se estamos nos mantendo próximos ao caminho desenhado a partir desse sonho, de modo que possamos voltar à trajetória sempre que percebermos que estamos nos distanciando dela.

FORÇAS MOTIVADORAS DE RESULTADOS

Dan Ariely, um renomado cientista comportamental norte-americano e autor do livro *Previsivelmente irracional*,[62] desenvolveu uma série de estudos para demonstrar os mecanismos que levam as pessoas a tomarem decisões

---

[62] ARIELY, D. **Previsivelmente irracional**: as forças invisíveis que nos levam a tomar decisões erradas. Rio de Janeiro: Sextante, 2020.

que não são as que parecem mais óbvias do ponto de vista lógico, mas que, do ponto de vista comportamental, são bastante previsíveis.

Uma das experiências, que ele nomeou Construtores de Lego, tem a ver com os mecanismos que fortalecem a motivação. Para isso, ele montou dois grupos de alunos que tinham o mesmo objetivo: montar o maior número de Bionicles, uma linha de brinquedos de ação da Lego®, com as peças que estavam espalhadas. Para cada boneco montado, o grupo, ganhava um determinado valor financeiro, que diminuía a cada nova montagem concluída. Havia, porém, uma diferença: os bonecos criados pelo grupo 1, ao serem montados, eram guardados e expostos como troféus das realizações deles; os bonecos do grupo 2 eram desmontados imediatamente na frente dos alunos que haviam acabado de realizar a montagem.

Ao final do experimento, eles compararam o desempenho dos grupos. Enquanto, em média, cada participante do grupo 1 montou 11 bonecos, a média do grupo 2 foi de 7 bonecos por participante. Os dois grupos tinham a mesma compensação financeira, mas um produziu quase metade do que o outro, justamente por verem o próprio esforço ser destruído, então não havia um propósito para além da compensação financeira naquilo que estavam fazendo.

Dan Ariely, em uma entrevista,[63] contou que, pouco tempo após realizarem esse experimento, foi convidado para falar com a equipe de uma grande empresa de tecnologia em Seattle. Ali estavam reunidos cerca de 200 engenheiros de software, uma equipe que estava superdesmotivada porque havia poucos dias o projeto no qual estavam trabalhando por dois anos foi simplesmente cancelado. Quando ele compartilhou o experimento com aquelas pessoas, várias afirmaram se sentirem exatamente como o segundo grupo.

Antes de terem o projeto cancelado, eles esperavam que o CEO lhes tivesse dado a oportunidade de apresentar a jornada ao restante da equipe, inclusive para avaliarem como o que desenvolveram poderia ser

---

[63] WHAT Pushes Us To Work Hard — Even When We Don't Have To? NPR, 2 out. 2015. Disponível em: https://www.npr.org/transcripts/443434903. Acesso em: 15 ago. 2024.

acoplado a outras iniciativas da empresa. Como o próprio Ariely afirmou, esse CEO não percebeu a importância do significado no trabalho. Como o experimento com Lego mostrou, a motivação financeira não é a única razão pela qual as pessoas trabalham. Saber que o trabalho tem um propósito ou será utilizado no futuro é suficiente para aumentar a motivação e a satisfação.

As pessoas trabalham para receber dinheiro, o salário, um bônus – é claro, todos nós fazemos isso. Mas ver propósito no trabalho nos faz querer estar ali, e não em outro lugar, recebendo o mesmo dinheiro. E seus objetivos de negócio devem também refletir isso.

METAS QUE DEVEM ALINHAR, E NÃO FAZER COMPETIR

Imagine a complexidade da organização de um festival de nossa dimensão. Entre a ideia de realização de um novo evento e a efetiva realização, com todas as milhares de estruturas e atividades necessárias para colocar de pé um evento que atende com excelência a quase 1 milhão de pessoas, existe um enorme percurso encadeado de tarefas necessárias para que tudo funcione. É preciso ter maneiras de mensurar, ao longo desse intervalo entre uma edição e outra, tudo que é necessário para viabilizar esse acontecimento. Então, muito antes da conquista de um festival lotado, precisamos ter um prazo para definir as datas da próxima edição, um prazo para fechar o conceito do evento, um prazo para determinar e negociar quais serão as atrações, uma análise profunda de todas as estruturas e serviços necessários que definirão um orçamento para o próximo ciclo e o volume de patrocínio necessário para viabilizar parte da realização; também devemos determinar quantas pessoas serão necessárias para trabalhar em cada área (equipe de apoio, limpeza, segurança), prazo para definição de plantas de engenharia etc. Isso apenas para citar muitas infinidades de métricas e dos cronogramas que precisam ser gerenciados.

O líder precisa sobretudo mostrar a interdependência entre todos esses diversos objetivos e todas as diferentes áreas da empresa, para a compreensão do quanto o objetivo específico é absolutamente necessário para o objetivo maior e o quanto ele é parte fundamental da visão de futuro. Deve demonstrar que os resultados individuais de um colaborador são parte dos resultados compartilhados, nutrindo a cultura de colaboração e cooperação que tanto defendemos nos capítulos iniciais. É justamente nesse ponto que mostramos objetivamente que o discurso é verdade na prática.

O líder precisa dar essa visibilidade entre as partes o tempo inteiro, para que uma pessoa, ao ter conhecimento do trabalho de outra, consiga enxergar as demais engrenagens do relógio funcionando em conjunto. Assim, no fim das contas, todos estarão preocupados não apenas com os próprios resultados e desempenhos nas próprias áreas, mas também com como contribuíram para aquele resultado que era o objetivo de todos.

O líder precisa saber que não adianta uma engrenagem querer rodar mais rápido para gerar mais resultado se a engrenagem ao lado tem uma velocidade diferente. O importante é estarem todas com os dentes encaixados, funcionando de maneira integrada. Por isso, é necessário um papel bem feito de comunicação, de facilitação e de entendimento entre todas as áreas para que não se crie um ambiente de competitividade por meio da performance. Existem empresas que estimulam tal competitividade entre os colaboradores, estabelecendo metas que intencionalmente promovam a disputa e tornem o resultado individual e comparativo entre os membros extremamente valorizado. Esse definitivamente não é o formato em que acredito. É claro que a performance individual deve ser sempre avaliada e valorizada, porém uma cultura de colaboração trará sempre resultados mais expressivos.

Para mim, **as metas e os indicadores servem para balizar o sonho que queremos atingir de maneira conjunta no longo prazo**.

CONSTRUINDO METAS S.M.A.R.T.

Não sei qual é sua experiência na definição de metas para seus times, mas é provável que você já tenha ouvido sobre as metas S.M.A.R.T. Essa metodologia se tornou famosa pois apresenta cinco critérios para definições de metas, de modo que estas sejam realmente funcionais: que orientem os objetivos de maneira clara e que sejam desafiadoras e estimulantes, alcançáveis e de fácil mensuração.

Imagine uma empresa hipotética que tenha um objetivo estratégico de aumentar as vendas e você como líder resolve criar metas para seu time visando atingir esse objetivo. A seguir, explico os critérios S.M.A.R.T., sempre com um contraexemplo e um exemplo de como poderia ser a definição dessas metas utilizando cada um desses critérios, para que você possa ser assertivo na construção dessas metas para seu time.

- **"S"** (*Specific*) – **Específico**: a meta deve ser clara e específica, para que todos saibam exatamente o que precisa ser alcançado.
  Contraexemplo: definir algo genérico e abrangente como meta, tal como "Quero aumentar as vendas".
  Exemplo: em vez disso, uma meta específica seria "Quero aumentar as vendas do produto X em 20% nos próximos seis meses".

- **"M"** (*Measurable*) – **Mensurável**: a meta deve ser mensurável para que você possa acompanhar o progresso e saber quando ela foi atingida.
  Contraexemplo: "Queremos aumentar significativamente as vendas do produto X".
  Exemplo: "Quero aumentar as vendas do produto X em 20%, passando de 500 unidades mensais para 600 unidades mensais".

- **"A"** (*Achievable*) – **Alcançável**: a meta precisa ser realista e possível de alcançar com os recursos e o tempo disponíveis.
  Contraexemplo: o crescimento das vendas será de responsabilidade de um único membro do time comercial, que deverá apresentar esse resultado no próximo mês. Uma meta como essa pode ser muito pesada para uma única pessoa, e a expectativa de prazo agressivo demais pode desmotivar em vez de causar o efeito desejado.
  Exemplo: esse deve ser um projeto orquestrado por um squad dedicado, que terá seis meses para apresentar o resultado, prazo e recursos mais realistas para atingirem a meta.

- **"R"** (*Relevant*) – **Relevante**: a meta deve ser relevante para o negócio e alinhada com os objetivos estratégicos da empresa.

Contraexemplo: "Desenvolver uma linha com 30 novos produtos". Essa pode até ser uma meta relevante, mas, dessa maneira, desatrelada ao que isso contribui para o resultado ou propósito, pode não indicar a relevância ou se a ampliação da linha de produtos vai impactar ou não no crescimento das vendas.

Exemplo: "Aumentar as vendas do produto X é relevante porque é o produto mais lucrativo da empresa e compreensível para o crescimento não só da receita como também da lucratividade".

- **"T"** (*Time-bound*) – **Com prazo**: a meta precisa ter um prazo definido para ser alcançada, o que ajuda a manter o foco e a urgência.

Contraexemplo: "Aumentar as vendas do produto X em 20%". É uma meta que não indica o tempo necessário que o time deve alinhar para atingi-la. Da maneira como foi apresentada, a meta poderia ser alcançada em um mês ou em três anos, sem indicar o senso de urgência e a cadência necessária do time.

Exemplo: "Aumentar as vendas do produto X em 20% nos próximos seis meses, até o final do primeiro semestre".

Dessa maneira, no exemplo anterior, se alinharmos os cinco critérios objetivos da definição de uma meta S.M.A.R.T., podemos chegar à seguinte definição clara do objetivo:

- Específico: "Aumentar as vendas do produto X em 20%".
- Mensurável: "Passar de 500 unidades vendidas por mês para 600 unidades".
- Alcançável: "Com um novo plano de marketing e uma equipe de vendas treinada, podemos atingir esse crescimento no volume e prazo determinados".
- Relevante: "Aumentar as vendas do produto X é essencial para melhorar nossa margem de lucro e atingir nossas metas de receita anual".
- Com prazo: "Vamos atingir esse aumento de 20% nos próximos seis meses até o final de junho".

Todo líder deve enxergar nas metas que estabelece para a empresa não apenas um mecanismo de mensuração de resultados, mas também uma ferramenta de comunicação entre os stakeholders, visando ao alinhamento dos objetivos. Sem dúvida essa técnica será de grande utilidade para que essa comunicação seja clara e eficiente entre todos.

PARA MUITO ALÉM DA PERFORMANCE DE RESULTADOS DE NEGÓCIO...

Se as metas são objetivos claros a serem perseguidos no curto prazo para a construção da visão de longo prazo, os indicadores são os dados que apontam para o hoje da empresa. Eles nos informam com nitidez os números atuais, que ajudam a entender as decisões necessárias a se tomar agora.

Quando deixamos de olhar para essas metas exclusivamente sob a perspectiva dos objetivos dos resultados pragmáticos de negócio e nos permitimos ampliar para além de marcadores financeiros e de produtividade, começamos a monitorar com muita clareza o sonho que queremos atingir. Por exemplo, se queremos transformar nossa empresa na melhor do segmento, quais serão os critérios que definirão se chegamos lá? Certamente, não será apenas o faturamento. Este será só um dos indicadores que perseguiremos de maneira saudável, mas está longe de ser a única métrica.

Agora que você já compreende como estabelecer metas para sua empresa, chegou a hora de se aprofundar mais no conceito de indicadores.

O conjunto dessas informações que auxiliam os líderes na avaliação do diagnóstico atual do negócio são chamados de KPIs – *Key Performance Indicators,* ou, em português, Indicadores-Chave de Performance. Eles servem para estabelecermos parâmetros quantitativos do desempenho da organização, na maioria das vezes dos elementos de resultados de negócio. Para que sejam efetivos, algumas características são importantes a se observar na construção de seus KPIs:

- Devem estar alinhados com componentes do C.E.O. Framework de maneira a apontarem sempre para o sonho grande (conectar) e indiquem os caminhos de fazer acontecer (orientar) o propósito motivador que equilibra o negócio (equilibrar);
- Devem ser igualmente objetivos, relevantes e passíveis de monitoramento para que apoiem a avaliação do atingimento das metas da organização;

- O líder deve estabelecer com a equipe uma rotina para análise dos dados de cada indicador escolhido;
- Servem como um guia de prioridades de avaliação operacional para toda a organização.

Os indicadores servem como uma ponte do estratégico para o tático, de maneira a tangibilizar se o plano de ação necessário para a materialização do sonho, definido nas metas da organização, está se realizando. Tal como discutimos no Capítulo 7, os indicadores são estabelecidos para garantir que ao final de cada ciclo de avaliação estaremos mais próximos do grande objetivo – se a cada nova parede que subimos estamos nos aproximando da construção de nossa catedral. Então, sabemos que precisamos medir o número de tijolos colocados diariamente (indicadores), que garantam que determinado número de paredes sejam construídas ao longo do próximo mês (metas) para que o objetivo maior do negócio seja alcançado: a construção da catedral nos próximos oitenta anos (propósito).

OS 3 PS DOS KPIS: PESSOAS, PROPÓSITO E PERFORMANCE

Você já deve ter percebido, na ilustração do C.E.O. Framework, que eu apresento essa famosa sigla "KPI" para além daquela perspectiva que batiza o significado original. Em minha lógica, os indicadores que um líder deve observar no painel de controle da organização são mais amplos do que os indicadores operacionais de performance do negócio. Para mim, existem três grandes blocos que devem servir como os norteadores seguindo a metodologia de nosso framework: *performance,* os indicadores atrelados aos resultados de negócio (ligados ao O. de Orientar); *pessoas,* nosso olhar intencional para apoiar o crescimento do time como um todo (ligados ao C. de Conectar); e indicadores de *propósito* (ligados ao E. de Equilibrar), para medir a aderência da estratégia ao propósito da empresa e o impacto que esperamos deixar na sociedade.

Na sequência, vamos falar um pouco sobre cada uma dessas três perspectivas de KPIs que um líder convergente deve monitorar no negócio e uma série de exemplos de indicadores que podem ajudar a inspirá-lo no que pode ser acompanhado através deles em cada uma das dimensões.

ORIENTAR – KEY PERFORMANCE INDICATORS

Quando pensamos em KPIs como indicadores de performance do negócio, os primeiros que vêm à cabeça são aqueles que nos apoiam como gestores a monitorar o resultado de nossas operações: vendas, marketing, finanças, atendimento ao cliente, entre outras informações relevantes de negócio.

Esses indicadores estão posicionados em nosso framework na coluna do "orientar", pois eles são fundamentais para o funcionamento dos bastidores da organização e para o monitoramento dos resultados de nossas ações no curto prazo, do domínio da razão. O líder precisa, de fato, monitorar e orientar o time sobre o que os indicadores demonstram e o quanto eles estão próximos ou distantes das metas estabelecidas e as abordagens necessárias para conquistá-los.

Para atuar nesse componente essencial do C.E.O. Framework e determinar quais são os indicadores que fazem sentido para a realidade do negócio em que você atua, eu recomendo que reúna os principais stakeholders da companhia e juntos façam uma profunda reflexão sobre os objetivos estratégicos.

Mais do que colocar números em planilhas, o que fará a diferença para que esses objetivos se materializem é a visão compartilhada da importância de cada indicador escolhido. Quanto mais integrados eles estiverem com a intersecção entre o trabalho individual e coletivo, maior será o engajamento das pessoas.

ALGUNS EXEMPLOS

KPIs de vendas

- Receita total – Medida da receita bruta gerada pelas vendas.
- Crescimento da receita – Taxa de crescimento da receita em um período específico.
- Taxa de conversão de vendas – Percentual de leads que se convertem em clientes.
- Ciclo de venda – Tempo médio necessário para fechar uma venda.
- Taxa de retenção de clientes – Percentual de clientes que continuam a comprar de você ao longo do tempo.
- Número de novos clientes – Quantidade de novos clientes adquiridos em um período específico.

- Custo de vendas – Custo associado diretamente à venda de produtos ou serviços.

KPIs de marketing
- Custo de aquisição de cliente (CAC) – Custo médio para adquirir um novo cliente.
- Custo por lead – Custo médio para gerar um novo lead.
- Retorno sobre investimento em marketing (MROI) – Receita gerada por cada dólar gasto em marketing.
- Taxa de cliques (CTR) – Percentual de pessoas que clicam em um link ou anúncio em relação ao número total de visualizações.
- Taxa de conversão de leads – Percentual de leads que se convertem em clientes.
- Engajamento nas redes sociais – Medida de curtidas, compartilhamentos, comentários e interações nas plataformas sociais.
- Taxa de abertura de e-mails – Percentual de e-mails de marketing abertos pelos destinatários.
- Taxa de retorno de campanhas – Percentual de sucesso de uma campanha de marketing específica.

KPIs financeiros
- Lucro líquido – Receita restante após a dedução de todos os custos e despesas.
- Margem de lucro bruto – Percentual da receita que excede o custo dos bens vendidos.
- Margem de lucro operacional – Percentual de receita restante após a dedução de custos operacionais.
- Crescimento do lucro – Taxa de crescimento do lucro ao longo do tempo.
- Retorno sobre investimento (ROI) – Ganho ou perda gerado por um investimento em relação ao custo do investimento.
- Giro de estoque – Quantidade de vezes que o estoque é vendido e substituído durante um período.
- Recebíveis em atraso – Valor total de contas a receber que estão atrasadas.

KPIs de Atendimento ao Cliente

- Net Promoter Score (NPS) – Índice que mede a probabilidade de os clientes recomendarem sua empresa a outros.
- Tempo de resposta ao cliente – Tempo médio necessário para responder às consultas dos clientes.
- Taxa de resolução na primeira chamada – Percentual de problemas resolvidos na primeira interação com o cliente.
- Satisfação do cliente (CSAT) – Percentual de clientes satisfeitos com seu produto ou serviço.
- Taxa de churn (Cancelamento) – Percentual de clientes que deixam de usar seu produto ou serviço em um período específico.
- Taxa de retenção de clientes – Percentual de clientes que continuam usando seus serviços ao longo do tempo.
- Número de reclamações – Quantidade de reclamações recebidas em um período específico.
- Tempo médio de resolução – Tempo médio necessário para resolver um problema do cliente.
- Taxa de recompra – Percentual de clientes que compram de novo em um determinado período.

KPIs de operações

- Custo por unidade produzida – Custo médio de produção por unidade.
- Taxa de erros ou retrabalho – Percentual de produtos ou serviços que precisam ser refeitos devido a erros.
- Tempo de ciclo de produção – Tempo médio necessário para completar uma unidade de produção.
- Taxa de desperdício – Percentual de materiais ou produtos que não podem ser vendidos ou utilizados.
- Tempo de inatividade – Tempo em que a produção ou o serviço é interrompido por problemas técnicos ou outros.
- Tempo de entrega – Tempo médio necessário para entregar produtos ou serviços ao cliente final.
- Capacidade de produção – Volume máximo de produção que pode ser alcançado dentro de um período específico.

Existem centenas de indicadores de performance que ajudam o líder a ter o pulso da operação e sua capacidade de geração de resultado. Esses são somente alguns deles, e não vou me aprofundar demasiadamente nesse tema, pois cada negócio tem especificidades e prioridades das quais faz mais ou menos sentido o acompanhamento naquele momento. O mais importante a partir desses exemplos é entender que é absolutamente necessária a quantificação dos aspectos que precisam ser acompanhados em sua operação. Como diriam os gurus de gestão, não se gerencia aquilo que não se mede.

CONECTAR — KEY PEOPLE INDICATORS

Para além dos KPIs tradicionais de performance de negócio ligados ao pilar "orientar" de nosso framework, precisamos também observar as métricas focadas nas pessoas dentro da organização, ligadas ao pilar do "conectar". Aspectos como bem-estar, crescimento de carreira, ambiente de trabalho e felicidade da equipe são indicadores essenciais para a compreensão de como o capital humano está se desenvolvendo e se relacionando com os valores da empresa.

Você pode, como líder, optar por gerenciar seu time oferecendo-lhes metas individuais, coletivas ou ambas, mas, como já disse anteriormente, é essencial que cada membro da equipe entenda como contribui para o resultado coletivo. Os objetivos individuais apoiam a liderança a oferecer feedback e expectativas mais claras acerca das atividades individuais do trabalho, enquanto as metas coletivas conectam a atividade com a do negócio como um todo. Por essa razão, os indicadores de pessoas estão no eixo conectar: queremos que cada pessoa da equipe enxergue o alinhamento entre o trabalho e o sonho pessoal com a construção do sonho da organização.

Os Key People Indicators, ou indicadores de gestão de pessoas, da empresa devem abordar desde os elementos mais pragmáticos, como informações de rotatividade e retenção, que podem revelar conjunturas mais objetivas acerca da preservação do time, até temas como o engajamento da equipe com treinamentos, com compromisso de carreira e os elementos de satisfação e insatisfação de clima – com os quais, por vezes, lidamos de maneira qualitativa, mas são igualmente importantes como elementos mensuráveis de gestão.

A seguir, listei alguns exemplos de indicadores de gestão de pessoas que você pode aplicar em seu negócio:

- Taxa de retenção de funcionários – Percentual de funcionários que permanecem na empresa considerando uma média de tempo.
- Taxa de rotatividade de funcionários – Percentual de funcionários que deixam a empresa em blocos de períodos específicos.
- Índice de satisfação dos funcionários – Nível de satisfação dos funcionários com o trabalho, o ambiente e a cultura da empresa, geralmente medido por pesquisas de clima organizacional.
- Engajamento dos funcionários – Grau de comprometimento e envolvimento dos funcionários com o próprio trabalho e com a empresa.
- Índice de promoções internas – Percentual de posições preenchidas internamente em vez de contratações externas.
- Taxa de participação em programas de treinamento – Percentual de funcionários que participam de programas de desenvolvimento e treinamento oferecidos pela empresa.
- Net Promoter Score Interno (eNPS) – Medida da probabilidade de os funcionários recomendarem a empresa como um bom lugar para trabalhar.
- Índice de diversidade e inclusão – Percentual de diversidade dentro da força de trabalho em termos de gênero, etnia, idade etc.
- Índice de saúde e bem-estar – Medida da percepção dos funcionários sobre o bem-estar físico e mental no ambiente de trabalho.

EQUILIBRAR — KEY PURPOSE INDICATORS

Os indicadores de propósito estão no eixo "equilibrar" para nos lembrar de que a busca por resultados financeiros e performance não pode nos cegar para a dimensão mais ampla do papel dos negócios: o propósito. Também devem ser indicadores que demonstrem para a equipe motivação para além dos elementos intrínsecos ao trabalho, como remuneração e desenvolvimento de carreira. Eles estão aqui para não esquecer que existe um papel maior para além do bem-estar financeiro da empresa e da equipe.

Esses indicadores podem assumir diferentes naturezas de acordo com o perfil de sua empresa e as possibilidades de impacto que ela possa gerar na sociedade e, sobretudo, seu propósito orientador.

Para ilustrar e inspirar sua liderança acerca de potenciais indicadores de propósito (Key Purpose Indicators) que você poderia adotar em seu negócio, listei alguns exemplos a seguir:

- Índice de alinhamento com a missão – Percentual de projetos e iniciativas que estão alinhados com a missão e os valores fundamentais da empresa.
- Impacto social mensurável – Medida do impacto social direto ou indireto gerado pelas atividades da empresa, como número de pessoas atendidas, comunidades beneficiadas e redução de desigualdades.
- Índices de sustentabilidade – Medida da sustentabilidade das operações da empresa, incluindo a redução de desperdícios, uso de recursos renováveis e minimização da pegada de carbono.
- Participação em iniciativas comunitárias – Percentual de funcionários ou departamentos envolvidos em projetos de voluntariado ou iniciativas comunitárias apoiadas pela empresa.
- Percentual de lucro reinvestido em projetos sociais – Percentual dos lucros da empresa que é reinvestido em projetos sociais ou ambientais, ou em iniciativas alinhadas com o propósito da empresa.
- Satisfação dos stakeholders – Nível de satisfação dos stakeholders (clientes, funcionários, comunidade etc.) em relação ao impacto social e ambiental da empresa.
- Adesão a normas e certificações éticas – Percentual de adesão a normas, certificações e padrões éticos reconhecidos, como certificações de comércio justo ou de práticas sustentáveis.
- Taxa de redução de impacto ambiental – Percentual de redução do impacto ambiental das operações da empresa, como diminuição do uso de água, energia ou emissão de gases de efeito estufa.

Na Rock World, desenvolvemos há dezenas de anos ações e projetos que suportem nossa visão de impacto positivo na sociedade. Chamamos essas iniciativas de "Por um mundo melhor", que até virou uma coassinatura de nossa marca, de tão relevante o protagonismo que essa declaração assumiu em nossas ações. Depois de centenas de milhões de reais de investimentos e um acompanhamento de indicadores muito claros dos resultados obtidos em cada projeto socioambiental ou nas ações de sustentabilidade internas em nossos eventos, entendemos que era hora de termos metas claras que apontassem para o futuro desejável nessa área também e termos indicadores que acompanhassem não só os projetos desenvolvidos, mas também se estamos nos aproximando dessas metas mais ousadas de futuro. Resolvemos definir metas ousadas para 2030, inspirados nos compromissos estabelecidos pelas Nações Unidas ao lançar o plano de Objetivos de Desenvolvimento Sustentável (ODS), trazendo esse movimento global para nosso dia a dia e em nível estratégico.

Definimos, assim, seis metas que se aplicam a todo o nosso portfólio e nos inspiram diariamente:

Cada uma dessas metas é desdobrada em objetivos especmicos para cada edição de nossos festivais, o que contribui para o alcance delas. Ao agir assim, não só fazemos o que é certo, mas também inspiramos nossa equipe, mobilizamos parceiros e, no final, incentivamos a indústria a também assumir compromissos de impacto positivo na sociedade.

C.E.O.

É CLARO QUE A PERFORMANCE INDIVIDUAL DEVE SER SEMPRE AVALIADA E VALORIZADA, MAS ACREDITO QUE UMA CULTURA DE COLABORAÇÃO TRARÁ SEMPRE RESULTADOS MAIS EXPRESSIVOS.

@LUIS_JUSTO

C.E.O.

13

A LIDERANÇA É UMA MISSÃO COMPARTILHADA!

Hope when you take that jump
Espero que quando você der aquele salto
You don't fear the fall
Não tenha medo da queda
Hope when the water rises
Espero que quando a água subir
You built a wall
Você tenha construído um muro
Hope if everybody runs
Espero que quando todo mundo correr
You choose to stay
Você tenha escolhido ficar

I Lived[64]
OneRepublic

---

[64] I LIVED. Intérprete: OneRepublic. *In*: NATIVE. Nova Iorque: Interscope Records, 2013.

Comecei este livro dizendo que, por mais que tenhamos inúmeras fontes de conteúdo sobre liderança, eu sentia falta de algo que trouxesse convergência e equilíbrio entre as inúmeras forças que se chocam durante os dias de um líder. Passamos por todos os aspectos do C.E.O. Framework, por todas as habilidades e reflexões que considero essenciais para que aqueles que decidem liderar o façam sem deixar que a busca por resultados tire o foco do propósito e da visão de futuro de cada negócio. Porque, como eu falei inúmeras vezes: **a liderança é uma missão compartilhada, e ser um bom líder significa trazer alinhamento entre todos os stakeholders**.

Eu disse e repito: negócios só existem por causa das pessoas, graças ao engajamento genuíno de todos em torno de um propósito maior e da maneira como elas se organizam para tornar uma proposta de valor realidade.

Em 1961, quando John F. Kennedy fez o discurso de posse como o 35º presidente dos Estados Unidos, ele assumiu a liderança de uma das maiores potências mundiais em um cenário que exigia uma liderança firme e visionária. Havia muita instabilidade política no mundo, e ali ele tinha a oportunidade de declarar quais seriam os valores e as diretrizes daquela gestão. O discurso todo é bastante interessante, e há um trecho que eu gostaria de trazer para você: "Nunca negociemos por medo. Mas nunca tenhamos medo de negociar. Que ambos os lados explorem quais problemas nos unem, em vez de insistir naqueles que nos dividem".[65]

Eu acredito que essa fala diz muito sobre liderar. Estamos o tempo todo negociando, seja com nossos times, nossos fornecedores, acionistas, seja principalmente com nós mesmos, exatamente para colocar em

---

[65] INAUGURAL Address of President John F. Kennedy. Washington, D.C. January 20, 1961. John F. **Kennedy Presidential Library and Museum**, [s.d.]. Disponível em: https://www.jfklibrary.org/archives/other-resources/john-f-kennedy-speeches/inaugural-address-19610120. Acesso em: 15 ago. 2024.

equilíbrio as ambivalências que nos são apresentadas. Negociamos para encontrar aquilo que nos une na busca de um propósito, na maneira como decidimos priorizar nossos esforços e recursos. Nunca teremos controle sobre tudo, mas se estivermos ancorados na certeza de por que fazemos o que fazemos, por que tomamos esta ou aquela decisão, não paralisaremos por medo.

O C.E.O. Framework está completo. Não é uma fórmula, e sim um guia, uma ferramenta para que, diante dos incêndios e dos momentos de caos, você saiba voltar sua energia para o que realmente importa não só para você, mas também para as pessoas que confiam em seu direcionamento.

C. E. O.

C.E.O. MINDSET	**CONECTAR** Um bom CEO traz alinhamento de valores e propósito.	**EQUILIBRAR** Um bom CEO defende os resultados coletivos. Traz convergência nas ambivalências.	**ORIENTAR** Um bom CEO influencia sem impor. Guia como um mentor.

AMBIVALÊNCIA DA LIDERANÇA

TEMPO
LONGO PRAZO Nosso futuro desejado. ▶ **AGORA** As atividades de hoje contribuem para a visão de longo prazo. ◀ **CURTO PRAZO** Como ganhamos eficiência, calibramos as metas e mitigamos os riscos.

ATUAÇÃO
PALCO O líder no papel de apontar a visão, dar a direção, inspirar e ser exemplo. ▶ **COOPERAÇÃO** Essência de como deve ser o ambiente de trabalho para a excelência. ◀ **BASTIDORES** O líder no papel de viabilizador da atuação da equipe.

MOTIVAÇÃO
SONHAR Acreditar naquilo que idealizamos como um grupo. ▶ **CORAGEM & ANTIGRAFILIDADE** Para sair das situações de crise transformado e encontrar o caminho para uma realidade melhor. ◀ **FAZER** Execução é fundamental. O sonho é construído com ações.

DOMÍNIOS
VISÃO O QUÊ? COMO? QUEM? — O que buscamos e quais valores e comportamentos são inegociáveis para alcançá-lo. ▶ **PROPÓSITO** POR QUÊ? — É o compasso moral e estratégico, especialmente para os momentos desafiadores. ◀ **RAZÃO** QUANDO? ONDE? QUANTO? — A direção para a realização. Quais são as intenções e como pavimentamos o caminho até a visão.

INDICADORES AMBIVALENTES (KPIS)	**KEY PEOPLE INDICATORS** As métricas focadas nas pessoas dentro da organização.	**KEY PURPOSE INDICATORS** Avaliam se as ações estão alinhadas à missão, aos valores e à cultura em que acreditamos.	**KEY PERFORMANCE INDICATORS** Medem os resultados de performance e objetivos financeiros e de negócio da empresa.

A liderança é uma missão compartilhada! **189**

O SUCESSO NUNCA ENVOLVE UMA PESSOA SÓ

Escrevi este livro durante uma série de eventos marcantes em minha trajetória enquanto líder: em meio à entrega da primeira edição do The Town em São Paulo, realizando a primeira edição do Lollapalooza Brasil organizada pela Rock World, e duas edições históricas – 20 anos do Rock in Rio Lisboa e 40 anos do primeiro Rock in Rio no Brasil. Loucura é pouco para descrever o que foi esse período, mas eu sabia que não estava sozinho nisso tudo e que registrar essas reflexões era algo importante demais para ser adiado.

Para além de todos os eventos que estavam sob a minha gestão, me empurrando para escrevê-lo nos poucos fins de semana livres, outro grande evento global aconteceu e estava sendo compartilhado por todo o mundo: a Olimpíada de Paris. E aí me dei conta de como o esporte, assim como a música, é uma manifestação simbólica de tudo o que está refletido nesse C.E.O. Framework que você aprendeu a construir até aqui. Tanto o esporte quanto a música são capazes de nos fazer acessar uma série de emoções e memórias que ficam conosco para sempre. Somos inspirados e impactados pelos atletas e músicos que estão ali, dando o melhor, toda vez, e as performances deles nos ajudam a extravasar algo que estava guardado dentro de nós, pedindo para sair naquele momento catártico, em que todos os que estão assistindo gritam juntos, em uma só voz – seja torcendo pelo próprio país, seja cantando a música favorita.

O esportista precisa, assim como um líder, equilibrar competências pragmáticas e técnicas, advindas de anos exaustivos de prática (hard skills), com as competências psicológicas e emocionais (soft skills) e, na maioria das vezes, vence quem tem um maior equilíbrio da própria potência com a necessária paz interior (inner skills) orientada por um grande propósito. Você já deve ter observado atletas que, dentro de um grau de paridade técnica de desempenho em uma competição olímpica, saíram vitoriosos porque simplesmente "queriam mais". Ou aqueles que, apesar de todo treino e condição física que os elevaram a posições de melhores nas modalidades deles, sucumbiram diante de um momento de fragilidade de saúde mental.

Ao observar esses profissionais nesses eventos, sejam os atletas olímpicos ou os músicos estrelados nos festivais, é fácil ver que não estão ali sozinhos. Nem as competições nem os shows envolvem apenas a pessoa que está debaixo dos holofotes, sendo seguida pelas câmeras no campo, porque abrangem também todo o conjunto fora dos holofotes: quem prepara, acompanha, organiza, viabiliza, constrói. O que celebramos emocionados naqueles momentos de êxtase só existe graças ao empenho de pessoas que colocaram habilidades e competências a favor de um propósito maior do que elas mesmas.

Sempre há alguém a agradecer quando uma grande conquista se torna realidade. Ninguém cresce sozinho. E principalmente: ninguém se torna líder sozinho. Esse é um papel que só pode existir se, do outro lado, tiver uma ou mais pessoas com as quais um sonho é compartilhado.

Eu espero que o C.E.O. Framework ajude você a realizar seus projetos e perceber todo o potencial de realização que existe a partir de suas ações. Quando você escolhe se tornar um líder, você se torna um catalisador de seu crescimento e, principalmente, do crescimento dos outros. E como diz a música que escolhi para a abertura deste último capítulo, quando houver uma situação de angústia, quando as coisas parecerem prestes a ruir, espero que você decida ficar. Porque são essas experiências que nos fazem mais fortes.

Luis Justo

Este livro foi impresso
pela gráfica Plena Print em
papel lux cream 70 g/m²
em setembro de 2024.